clave

Patricia Ramírez, conocida como Patri Psicóloga, es psicóloga, escritora, conferenciante y divulgadora en diferentes medios de comunicación. Patricia es licenciada en Psicología, tiene un máster en Psicología clínica y de la salud y un doctorado del Departamento de Personalidad, Evaluación y Tratamiento Psicológico de la Universidad de Granada.

En 2017 fue galardonada con el Premio del Colegio Oficial de Psicólogos de Andalucía Oriental a la mejor divulgadora en redes sociales, y en 2024 obtuvo el Premio MIA 2024 a la mujer más influyente de Aragón en la categoría de divulgación y generación de contenido. Desde sus redes, en las que cuenta con más de un millón de seguidores, ofrece diariamente consejos y herramientas a través de sus vídeos y posts, y divulga sobre lo que más le apasiona: la psicología de la vida cotidiana.

Para más información, visita la página web de la autora: www.patripsicologa.com
También puedes seguir a Patricia Ramírez en Instagram: @patri_psicologa

Silvia Congost (Girona, 1977) es licenciada en Psicología, especialista en autoestima, dependencia emocional y conflictos de pareja, y una destacada conferenciante.

Desde que empezó su trayectoria profesional, Silvia ha publicado más de una decena de libros de gran éxito, aparece con asiduidad en distintos medios de comunicación como especialista, y llena teatros en España y Latinoamérica con sus eventos altamente transformadores.

En lo personal, tras haber pasado ella misma por una relación de dependencia emocional y haber conseguido salir, decidió centrar su vida en ayudar a lograrlo a todo el que estuviera pasando por lo mismo. Desde sus centros de psicoterapia, con un método propio y junto a su equipo, ayuda a miles de personas que necesitan entender el amor de una forma más sana.

www.silviacongost.com
silviacongost
silvia.congost
silviacongost
silviacongost-psicologa

PATRICIA RAMÍREZ
SILVIA CONGOST

Diez maneras de cargarte tu relación de pareja

... y muchas soluciones para vivir felices juntos

DEBOLS!LLO

Papel certificado por el Forest Stewardship Council®

Primera edición en Debolsillo: febrero de 2025

© 2020, Patricia Ramírez Loeffler
© 2020, Silvia Congost Provensal
© 2020, 2025, Penguin Random House Grupo Editorial, S. A. U.
Travessera de Gràcia, 47-49. 08021 Barcelona
Diseño de la cubierta: Penguin Random House Grupo Editorial / Begoña Berruezo
Imagen de la cubierta: © Carolina Salamero

Penguin Random House Grupo Editorial apoya la protección de la propiedad intelectual. La propiedad intelectual estimula la creatividad, defiende la diversidad en el ámbito de las ideas y el conocimiento, promueve la libre expresión y favorece una cultura viva. Gracias por comprar una edición autorizada de este libro y por respetar las leyes de propiedad intelectual al no reproducir ni distribuir ninguna parte de esta obra por ningún medio sin permiso. Al hacerlo está respaldando a los autores y permitiendo que PRHGE continúe publicando libros para todos los lectores. De conformidad con lo dispuesto en el artículo 67.3 del Real Decreto Ley 24/2021, de 2 de noviembre, PRHGE se reserva expresamente los derechos de reproducción y de uso de esta obra y de todos sus elementos mediante medios de lectura mecánica y otros medios adecuados a tal fin. Diríjase a CEDRO (Centro Español de Derechos Reprográficos, http://www.cedro.org) si necesita reproducir algún fragmento de esta obra.

Printed in Spain – Impreso en España

ISBN: 978-84-663-7866-6
Depósito legal: B-21.163-2024

Compuesto en Pleca Digital, S. L. U.
Impreso en Black Print CPI Ibérica
Sant Andreu de la Barca (Barcelona)

P 3 7 8 6 6 6

Se nos ocurren muchas personas a las que podríamos dirigir nuestra profunda y sincera gratitud, pero pensamos que lo más sensato es dedicarle este libro a la más potente de las fuerzas que empujan nuestra naturaleza, a la más transformadora, sanadora y fortalecedora de ellas. Queremos dedicarle este libro al AMOR, ese amor que cura y que ayuda a crecer y que, cuando lo cuidamos con atención, madurez y cariño, puede llenar nuestra vida de la magia más verdadera.

Índice

Prólogo: Se levanta el telón... 11

1. Diferencias entre hombres y mujeres 15
2. El enamoramiento 39
3. La dejadez 57
4. Los límites en la relación 77
5. La comunicación 91
6. Los celos y el control 113
7. La responsabilidad de la casa y de los hijos 131
8. El Traductor de Silvia 151
9. El sexo 169
10. Tratar de cambiar al otro 191

Epílogo: La función no se ha acabado... 213
Agradecimientos 217

Prólogo
Se levanta el telón...

Hoy en día sabemos que todos tendremos, de promedio, entre una y tres relaciones de pareja a lo largo de nuestra vida. Y los psicólogos tenemos muy claro que los problemas amorosos son, con diferencia, el primer motivo de consulta en nuestros despachos y de sufrimiento en la mayoría de las personas. Son los principales desencadenantes de ansiedad, depresiones y dependencia emocional, los grandes males de nuestro siglo. Precisamente por este motivo decidimos que teníamos que hacer algo.

A las dos nos mueve una pasión interna irrefrenable que nos empuja a querer expandir nuestro mensaje sin ponernos límites ni barreras. El miedo está presente en nuestra vida como en la de todos, pero no dejamos que nos paralice: cuando aparece, le damos la mano y le decimos algo así como: «¡Si pretendes quedarte, vendrás conmigo, pero a mí no me paras ni tú ni nadie!». Somos dos mujeres tranquilas pero inquietas, de hablar poco y hacer mucho.

Un 16 de octubre nos planteamos la idea de subirnos a un escenario para hablar del amor alto y claro, sin rodeos, desde el humor y el rigor científico, y, sobre todo, aportando valor a aquellos que decidieran venir a vernos. Y enseguida nos pusimos manos a la obra. No negaré que cuanto más íbamos avanzando en ideas y contenido, más veces nos preguntábamos qué necesidad teníamos de meternos en semejante embolado... pero ya no había marcha atrás. Tuvimos que contratar a un director de teatro (Rafa Blanca) para que nos ayudara a dar forma al guion y a interpretar nuestros textos; a un técnico de iluminación y sonido (Alejandro Gallo) y a una productora para la obra (Maite Antón) y resolver infinidad de temas que desconocíamos por completo del mundo del espectáculo. Y así hasta el 19 de marzo siguiente, fecha de nuestro estreno en Barcelona.

Ahora ya llevamos unas cuantas funciones y el teatro está cada vez más lleno. Hemos conseguido agotar entradas varias veces y estamos tan contentas con el resultado y la respuesta, que cuando la editorial nos propuso escribir un libro a partir de la obra, no lo dudamos ni un segundo. Además, muchísimas personas ya nos lo habían pedido.

Con *Diez maneras de cargarte tu relación de pareja* tratamos de reflejar cuáles son las conductas y situaciones que con más facilidad nos llevan al fracaso amoroso. Y es que estamos convencidas de que, en realidad, es mucho más fácil hacer que la relación funcione que cargárnosla, por lo que si conocemos los puntos clave que deben tenerse en cuenta, es probable que lo hagamos mejor y que podamos reconducir las dificultades que a menudo experimentamos.

Nuestro objetivo es aportar luz, comprensión y herramientas para construir relaciones más sanas y satisfactorias siempre que eso sea posible.

Y si, por otro lado, nuestra relación ya no da más de sí y sentimos que se ha desgastado, que nos ha decepcionado y se ha erosionado demasiado, debemos reunir la fortaleza y las agallas necesarias para aceptarlo y tomar cartas en el asunto. Si consideramos que ya no se puede reconducir y que no nos aporta felicidad, la resignación es la peor de las opciones, de modo que trataremos de tomar conciencia, aplicar una serie de claves para evitar el autoengaño y averiguar si estamos sobreviviendo a base de las migajas afectivas que quedan de esa idea del amor romántico, que a menudo no es realista ni coherente... Nuestro objetivo es que sepamos identificar la situación para poder decidir si es lo que queremos para el resto de nuestros días o no. En este caso, hacer un cambio siempre vale la pena.

Por lo tanto, aquellos que sigan estas indicaciones, si están a tiempo, verán cómo sus relaciones mejoran notablemente, y aquellos que estén atrapados en vínculos demasiado dañados, podrán soltarse para tener más probabilidades de éxito en la siguiente historia de amor.

Este es nuestro mayor deseo y objetivo.

1
Diferencias entre hombres y mujeres

Hombres y mujeres somos distintos. ¡Sentimos daros esta noticia! Bueno, quién sabe, igual no es tan mala noticia. Igual sí que sería bueno empezar por reconocer aquello que en lugar de distanciarnos, nos acerca. Porque cuando lo hacemos, en lugar de dividirnos y alejarnos, conseguimos todo lo contrario, construimos y sumamos.

A finales del siglo XIX se pensaba que el menor peso del cerebro de una mujer en comparación con el peso del cerebro del hombre indicaba una inteligencia menor, y desde entonces se han intentado buscar todo tipo de razones biológicas, genéticas, educativas o sociales que expliquen las diferencias de género. Evidentemente, el peso del cerebro no justifica nada. Hoy sabemos que ni el tamaño ni el peso son determinantes en absoluto.

Aunque haberlas «haylas», casi todos los estudios sobre las diferencias de género presentan dificultades y son tan multivariables que asumirlos como determinantes es imposible. Desde siempre, a los científicos de diversas disciplinas nos ha encantado estudiar estas diferencias que podrían ser de ayuda para explicar por qué actuamos, pensamos y sentimos de forma distinta. La mayoría de las diferencias tienen un componente educacional, de roles, cultural, pero algunas sí tienen que ver con la propia biología.

Las diferencias entre hombres y mujeres jamás deberían interferir en los derechos y obligaciones de las personas. Porque antes que ser hombres y mujeres, somos personas. La dignidad, la igualdad, la libertad y el respeto están por encima de cualquier diferencia. Hombres y mujeres no somos distintos en lo tocante a las responsabilidades y derechos, pero sí cuando analizamos cómo actuamos ante los mismos. Ambas partes nos acusamos de no entendernos, y no hay más que ver una reunión de hombres o de mujeres hablando del género opuesto. Las mujeres nos sentimos cómplices entre nosotras, y los hombres entre ellos, porque existen códigos, fruto de la biología, la educación o la cultura, que nos llevan a comprendernos mejor entre nosotras y a ellos entre sí. Sea como fuere, en ningún momento puede servir para separarnos o para establecer ningún tipo de desigualdades. Todo lo contrario. Si aprendemos por qué nos comportamos, sentimos y pensamos de forma distinta, también aprenderemos a llevarnos mejor, a respetarnos más, a empatizar y a comprender al otro. Y bajo ningún concepto debe existir una sola diferencia, sea de la índole que sea, que nos divida en categorías humanas distintas. Por eso, una primera manera de cargaros vuestra relación de pareja es no comprender y no poneros en la piel y los zapatos de vuestra pareja. Es pensar que todo lo que hace, dice o siente está equivocado porque no coincide con vuestra manera de procesar. ¿No se os ha ocurrido nunca sacar conclusiones acerca de cómo se comporta la otra parte porque vosotros hubierais reaccionado de forma distinta? Sí, seguro. Fijaos en el siguiente ejemplo:

> «Hay que ver, llevo todo el día triste y este pedazo de piedra que tengo por marido ni se da cuenta», se dice ella para sus adentros. «Si es que yo creo que cada día se fija menos en mí... Así nos va», piensa.
> Él está a lo suyo, tiene un problemón del trabajo en la cabeza y no percibe nada.
> —Anda, hijo, que tienes la sensibilidad en la punta del pie —dice ella—. Me ves todo el día triste y eres incapaz de preguntar cómo estoy.
> —Perdona cariño, no me he dado cuenta de nada. —El comentario le pilla a él fuera de juego, la verdad es que no sabe ni de lo que le está hablando—. ¿Qué te pasa? Pero... ¿por qué estás mal?
> —¿Ahora te interesas? —exclama ella—. ¡Ahora! Siempre estás en lo tuyo, ahí en tu mundo, eres un egoísta. He tenido que llamar a mi amiga Juana para desahogarme porque si tengo que esperar a contar contigo...

La escena podría ser muy distinta si ella simplemente hubiera pedido lo que necesitaba. Sacó conclusiones sobre el comportamiento de su marido, lo malinterpretó, creyó que no le estaba prestando atención, que por eso era un egoísta e inició una discusión basándose en esa interpretación, en lugar de hacerlo basándose en la realidad del marido. No empatizó, no lo comprendió, ni siquiera se interesó. Y seguro que también desconocía que a los hombres les cuesta más identificar los distintos tipos de emociones, igual que les cuesta identificar las diferentes tonalidades de colores que sí conocemos las mujeres.

Fijaos a continuación en qué fácil hubiera sido si se hubiesen conocido y hubiesen comprendido las diferencias:

> ELLA (*pensando «estos hombres, que desconocen las emociones... voy a abrirle los ojillos a mi marido»*): Cariño, hoy estoy tristísima, no sé ni lo que me pasa. Tengo ganas de llorar. A ver si luego hacemos algo juntos y me animas un poco.
> ÉL: Anda, pues lo siento. Estoy contigo en un segundo, que tengo un tema en la cabeza que me tiene agobiado. Ya verás cómo ahora nos reímos un rato los dos.

Todo sería más sencillo si dedicáramos tiempo a conocernos mejor. Este capítulo no os va a abrir los ojos sobre las diferencias con vuestra pareja, pero por lo menos espero que os anime a sentir curiosidad por hablar con ella y conoceros mejor.

¿Recordáis cuándo fue la última vez que vivisteis una escena como esta? Tratad de recordarla, pero sin rencor, sin dolor; al revés, tratad de hacerlo desde el humor. Y anotad:

> *Lo que yo percibí e interpreté:*
> ....
> ....
> ....

Si me hubiera puesto en su lugar, podría haber pensado e interpretado...
....
....
....

Lo que sentí y qué consecuencias tuvo en mi pareja...
....
....
....

Lo que podría haber sentido y qué consecuencias hubiera tenido en mi pareja...
....
....
....

Más que de diferencias entre hombres y mujeres, podríamos hablar con mayor concreción y afirmar que hay características del comportamiento, de los pensamientos y de las emociones más comunes en mujeres, al igual que hay características más comunes en los hombres. Nada es absoluto, nada es general, todo es relativo. Marek Glezerman, en un artículo publicado en *Proceedings of the National Academy of Sciences* (PNAS), escribe: «Los autores concluyen que el cerebro de las mujeres y el de los hombres no son dimorfos ni categóricamente diferentes, como lo son los sistemas genitales de los dos géneros, sino que se parecen más a un mosaico superpuesto de regiones funcionales específicas y, por lo tanto, no se pueden distinguir como cerebros masculinos y femeninos». Como se afirma en el artículo, «siempre que se utilicen los términos "cerebro femenino" y "cerebro masculino", la intención debe ser funcional y no morfológica, cualitativa y no cuantitativa. Funcionalmente, los cerebros de mujeres y hombres son ciertamente diferentes. Ni mejor, ni peor, ni más ni menos sofisticados, solo diferentes. Las mismas células cerebrales difieren cromosómicamente. Durante la vida intrauterina, el cerebro masculino está expuesto a un entorno hormonal completamente distinto al del cerebro femenino. Los datos científicos disponibles sobre el efecto crucial de la testosterona en el cerebro masculino en desarrollo son abrumadores».

Pero ¡qué divertidos son estos temas en una cena de amigos! Así que adentrémonos a explorar este mundo curioso, incierto pero genial. Los hombres y las mujeres.

Las diferencias más biológicas tienen que ver con la salud. Las mujeres somos más vulnerables a sufrir osteoporosis, depresión, enfermedades autoinmunes o concentramos más alcohol en sangre. En cambio, los hombres son más propensos a desarrollar cáncer, a tener más patologías cardíacas o a despertar más tarde de la anestesia.

Las hormonas, nuestras peores enemigas

El papel hormonal en la mujer es determinante hasta para elegir los alimentos. Mientras que ellos se desenvuelven genial con una hormona protagonista, la testosterona, responsable de la fuerza y del deseo sexual, nosotras lidiamos con una batalla de hormonas como la progesterona, los estrógenos, la oxitocina, la vasopresina o el cortisol. Las hormonas afectan a nuestra manera de sentir, pensar, hasta a la manera de comer. Son determinantes en los días de ovulación, los previos a la menstruación, durante la menstruación... es decir, las hormonas nos dan tregua solo unos días al mes. Los hombres nos reprochan que no hay quien nos entienda, pero ¿cómo van a entendernos si ni siquiera nosotras somos capaces de hacerlo en muchos momentos? Que una mujer conviva consigo misma es harto complicado, así que cuando ellos nos piden transparencia, facilidad y sencillez, eso no siempre constituye el reto más fácil para nosotras. Como afirma la psiquiatra Louann Brizendine, las hormonas femeninas crean una realidad femenina, condicionando por completo las elecciones que hacemos a lo largo de nuestra vida, nuestros estados emocionales, nuestra valentía, la capacidad de ser optimistas, emprendedoras... o todo lo contrario. Conocer esta realidad es muy importante. Porque no se trata de que nosotras nos identifiquemos como algo continuo («soy una negativa»), sino que sepamos que esos estados emocionales vienen determinados por hormonas, y que estas son temporales, no algo regular. Aparecen a lo largo del mes y en los diferentes meses de nuestras vidas. Y por supuesto, podemos aprender a gestionarlas.

Una cosa sí podemos deciros respecto a las hormonas. Nos sienta como un tiro que cuando os descolocamos, nos percibís nerviosas, tristes, angustiadas o incoherentes, nos preguntéis si estamos con la regla. Sí, solemos tenerla. Pero es como cuando alguien sufre de hemorroides; por favor, dejadnos en silencio. Tenéis una alta probabilidad de recibir un SÍ, pero un SÍ ENFADADO, un SÍ tipo «sí, leñe, como si no lo supieras ya a estas alturas de la película». Así que no hagáis la pregunta. Daos por respondidos y, por favor, actuad con sensibilidad, con mimo, como si estuviéramos con la menstruación. No queráis saberlo todo, porque suena a retintín, aunque nos digáis que es porque os preocupáis por nosotras. Saberlo a ciencia cierta no hará que cambien las emociones.

Y ya no digamos durante la adolescencia, cuando las hormonas están en pleno apogeo. Los cambios hormonales se manifiestan claramente en la etapa de la adolescencia, en la que las mujeres se interesan por estar atractivas, cuidar sus melenas, mientras que ellos multiplican sus niveles de testosterona y fantasean con todo lo que tiene que ver con el sexo. ¡¡¡No os asustéis, queridas madres y queridos padres!!! Biológicamente es el momento en el que hombres y mujeres se preparan para tener hijos, ellas quieren atraer y ellos están en celo, lo cual no quiere decir que se lancen a ser padres y madres, jajaja. ¿No os habéis dado cuenta de que vuestros hijos, de no querer ducharse ni arrastrándoles por el pasillo, de repente se pasan 45 minutos en la ducha y salen tan perfumados que parecen una botella de suavizante concentrado?

La epidemia mundial del estrés

La mujer, a partir de la edad adulta, es más vulnerable a sufrir ansiedad. Según un estudio llevado a cabo por investigadores estadounidenses en Filadelfia y publicado en la revista *Molecular Psychiatry*, el cerebro de las mujeres es más sensible a la reacción ante el estrés. Nuestras neuronas se adaptan peor a este proceso. Dado que somos más vulnerables a sufrir ansiedad, señores, por favor, cambien su discurso. ¡No somos unas histéricas, solo un poquito más vulnerables a la ansiedad! Dicho así, suena distinto.

Las mujeres somos más habladoras

A las mujeres se nos acusa de hablar mucho, de tener siempre un tema de conversación, de ser mejores conversadoras, de ser capaces de hablar y de conectar un tema con otro. Y es cierto. Un equipo de neurocientíficos de la Facultad de Medicina de la Universidad de Maryland afirma que las mujeres tenemos un 30 por ciento más de una proteína que está relacionada con el lenguaje. Además, las mujeres desarrollamos antes la capacidad del habla en la edad infantil. Y en nuestro centro del habla tenemos un 11 por ciento más de neuronas que los hombres. Muchas mujeres son capaces de hablar durante una hora con su madre o con una amiga, y si después les preguntas de qué han hablado tanto tiempo, te contestan que de nada y de todo. Esto a los hombres suele parecerles un comportamiento extrañísimo, propio del cuarto milenio, un agujero negro. Ellos serían incapaces. Sus conversaciones suelen ser del tipo:

—Oye Juan, te veo en media hora con la bici, en el canal.
—Perfecto, Mario.
—Hasta ahora.
—Hasta ahora.

Silencio. La conversación no ha llegado a un minuto. No escribiré aquí la conversación entre dos mujeres que quedan para ir a correr, porque no tendría suficiente espacio en este capítulo. Pero en media hora no se ven para correr. Media hora es lo que dura la conversación telefónica. Y no creáis que después de esa media hora correrán en silencio, y así podrán respirar mejor. No. Luego será como si no hubieran hablado antes. Ahora que, menuda felicidad... Muchas de ellas afirman que esos ratitos son sinónimo de felicidad, y que hablar les sirve de desahogo.

Señores, ustedes sudan más

Sudar es una función vital, si no sudáramos, nuestro cuerpo no se enfriaría y podría darnos un calentón que para qué... otro tipo de calentón, no os confundáis. Pues resulta que las mujeres, en lo tocante a transpirar y a enfriarnos, lo debemos hacer peor. Un equipo de científicos del Laboratorio de Investigación de Rendimiento Humano de la Universidad Internacional de Osaka (Japón) descubrió que las mujeres transpiran peor y sudan menos que los hombres.

Señores, tened esto en cuenta. Cuanto más ejercicio hacéis, más sudáis. Nos encanta veros deportistas, sudados, atléticos, fuertes, estupendos, pero limpitos.

No somos rencorosas, tenemos más memoria y ellos se orientan mejor

En una investigación dirigida por Madura Ingalhalikar de la Universidad de Pensilvania y publicada en la web de PNAS, se demostraba que también existían diferencias en el comportamiento de los sexos con relación al procesamiento de la información. Ellas tienen mayor conectividad entre los dos hemisferios cerebrales, mientras que los hombres tienen mayor conexión en el interior de cada hemisferio. De aquí que las mujeres puntúen mejor en conocimiento social y en memoria, y los hombres tengan mejores capacidades motoras y espaciales. Ellos se orientan mejor y ellas tienen más memoria. Los hombres desarrollan antes la capacidad espacial. En un estudio en el que pedían a hombres y mujeres que resolvieran salir de un laberinto, los hombres encontraban antes los atajos y llegaban antes al destino. Señoras, nos iría mejor la vida si nosotras también aprendiéramos a encontrar atajos, a facilitarnos la vida, a no ser tan exigentes... y si no, atentas, ya lo veréis cuando llegue el capítulo de la responsabilidad en el hogar.

En otra investigación de la Universidad de Cambridge

en la que participaron alrededor de 4.500 personas, se demostró que las mujeres memorizaban más datos.

Dicho en clave de humor, las chicas siempre recuerdan mejor todos los agravios, con pelos y señales. Sí, se nos quedan los detalles de las experiencias emocionales. De hecho, tenemos un hipocampo ligeramente mayor. Nos cuesta mucho olvidar una discusión, pero también tenemos más frescos los momentos bellos, románticos y dulces. Señores, no somos rencorosas, no recordamos a propósito la primera discusión que tuvimos para echárosla en cara. Solo tenemos un poquito más de memoria y el hipocampo de mayor tamaño y más activo. A veces nos favorece, en otras ocasiones nos perjudica. No nos tengáis en cuenta los reproches sobre discusiones pasadas. Lo ideal sería que no los hiciéramos, pero es que el hipocampo nos puede en ese momento. No es excusa, pero conocer este dato permite empatizar. No queremos hacer daño, no queremos reprochar... *ladies*, fuera rencores, solo se nos desatan los recuerdos. Ahora bien, si eres hombre, no se te ocurra decir «cariño, ojito, que tu hipocampo te está traicionando», porque esta frase podría ser tan dañina como la de «cariño, ¿estás con la regla?».

Sí, EXISTE EL VERDE PISTACHO, AUNQUE TÚ NO LO VEAS

¡¡¡Por fin!!! Por fin una investigación que pone luz verde, verde pistacho, verde esmeralda, verde limón, verde militar... sobre la mesa. Si queréis asombrar o descolocar a un hombre, llevadlo de compras y pedidle que os alcance la camiseta de color blanco roto. Entra en colapso, fijo.

—Cariño, no veo ninguna camiseta rota.
—No amor, la de color blanco roto.
—El blanco se rompe, ¿cómo?

Solución: aprended espacialmente dónde está colocada la camiseta. Recordad que ellos se orientan mucho mejor.

—Cariño, ¿me alcanzas, por favor, la camiseta que está a la derecha del primer estante, a medio metro de altura, colgada a la izquierda del pantalón negro... negro azabache?
—Enseguida, localizada. Pero no he visto ningún apache.

La mente femenina es capaz de distinguir gamas de colores más diversas que los hombres. Así que, queridas, no seáis exigentes y facilitadles la vida. Azul, verde, amarillo, rojo... no os metáis con los violetas, lilas o malvas: negro, blanco y poquito más. Una investigación publicada en la revista *Biology of Sex Differences*, concluyó que las mujeres superamos a los hombres a la hora de diferenciar colores, y que percibimos con gran facilidad los distintos matices cromáticos. ¡Si es que hay investigaciones para todo!

Hasta para sufrir dolor tenemos desventaja las mujeres

En una investigación llevada a cabo en la Universidad de Stanford, en California, se demostró que las mujeres somos más vulnerables al dolor y que lo percibimos con más intensidad que los hombres. ¡Quién lo diría! Lo que no debieron de investigar en Stanford es la relación entre el dolor y la queja. Sin datos a nuestro favor, sí hemos oído en la consulta que las mujeres somos mucho más autosuficientes con el dolor, que somos más eficaces y que nos quejamos menos.

Un hombre con una gripe es un hombre fuera de juego. Una mujer con una gripe es una mujer orquesta, igual que sin la gripe, pero hasta las cejas de paracetamol, ibuprofeno y mucolíticos.

Sueños

Incluso hay estudios que demuestran que soñamos contenidos distintos. Las mujeres sueñan cada vez más con el trabajo y con la comida, y los hombres con aspectos más violentos o con el sexo. Y es cierto que el hombre en general —testosterona mediante— suele ser más activo sexualmente, y las mujeres solemos utilizar la comida para aliviar muchas de nuestras emociones incómodas. ¡Todo se refleja en los sueños! Si Freud levantara la cabeza...

Empatía

Los estudios sobre por qué las mujeres tendemos a ser más empáticas son controvertidos. Algunos le han dado una explicación evolutiva. La mujer era la responsable de cuidar a los bebés en las cavernas mientras que el hombre se dedicaba a la caza y a la recolecta. En este sentido, la mujer tuvo que desarrollar la capacidad para empatizar y entender las emociones de unas criaturas que, igual que en la actualidad, con días o meses de vida eran incapaces de comunicar a través de la palabra si estaban tristes, si tenían hambre o si les dolía algo.

Incluso en situaciones de estrés parece que la mujer es más empática. Las conclusiones de un estudio publicado en la revista *Psychoneuroendocrinology* demostraban que, en situaciones de estrés laboral, en las que se supone que tendemos a ser más egocéntricos, las mujeres eran más capaces que los hombres de estar más pendientes de los otros en lugar de atenderse a sí mismas. La explicación podría estar relacionada con la hormona del amor, la oxitocina, que está presente en mayor cantidad en las mujeres.

En cualquier caso, los estudios siguen arrojando pruebas a favor de una mayor empatía por parte de las mujeres. Aunque, sinceramente, tanto la pareja de Silvia como la mía son muy empáticas. Y pensando en las personas de alrededor, nuestros amigos hombres también lo son. Así que, ojito, que esto no está nada claro.

En el terreno de las emociones... tenemos ventajas

Las mujeres expresamos con más detalle, más facilidad y más claridad lo que sentimos. Los hombres tienen más problemas a la hora de reconocer sus emociones, de ponerles nombre. Es más, tienden a relativizarlas. Que tengan menos habilidad no significa que no podamos ayudarles a entrenarla. Reconocer nuestras emociones, comprender las de nuestra pareja, nos ayuda a crear vínculos más sólidos, más sinceros, más profundos.

> ELLA: Cariño, ¿qué te pasa?
> ÉL: Nada.
> ELLA: ¿Cómo que nada si andas con una cara que parece que te deban dinero?
> ÉL: No es nada.
> ELLA: Contigo es imposible, eres una armadura, cerrado a cal y canto. Qué rarito eres, hijo, con lo bien que sienta soltarlo todo para fuera.

Señores, no nos engañéis con lo de la famosa *nothing box*. Sí, sí, algo os pasa, pero no sabéis ponerle nombre, y antes de reconocer que no sabéis ponerle nombre, igual reventáis. Así que, señoras, es mejor preguntarles...

> ELLA: Cariño, ¿te preocupa algo, estás dolido por algo, estás triste por algo?
> ÉL: Es que he tenido una discusión con mi hermano y estoy afectado.
> ELLA: ¿Te apetece hablar de ello?
> ÉL: Es que no sé ni qué decir, no te preocupes. Si lo que tengo que hacer es hablar con él en un momento más tranquilo.
> ELLA: Ok, pero si te apetece hablar, aquí estoy. Yo también

tengo rabia o impotencia a veces y me sienta genial compartirlo contigo.

Las conversaciones como esta funcionarían mejor. Porque, primero, estáis preguntando por algo concreto, con lo que él podrá ir al grano. Segundo, le estáis ofreciendo la oportunidad de hablar, pero no le estáis juzgando si no lo hace, así no hacéis que se sienta mal, además del disgusto por lo de su hermano. A los hombres no siempre les apetece recrearse en sus emociones como a nosotras. Esto a ellos no les desahoga. A vosotras sí, pero es que vuestro patrón no sirve para ellos. Y, tercero, le estáis poniendo nombre a las emociones. Así, algún día también sabrá reconocerlas y comprenderlas mejor.

Si no sabéis poner nombre a lo que sentís, es complicado hablar sobre ello, poder prestar ayuda al que sufre o poder poner remedio. En general, adultos y niños somos unos analfabetos emocionales. Es importante dedicar tiempo en pareja a hablar de qué sentimos, por qué lo sentimos y qué podemos hacer por nosotros mismos y por el otro para sentirnos mejor.

De todas formas, queridas señoras, si tenéis paciencia, si sois de las que pensáis cuidar el amor hasta la eternidad... ¡¡¡Estáis de suerte!!! En torno a los cincuenta años, las hormonas de los hombres cambian. Bajan sus niveles de testosterona y vasopresina, y ¡tachán...! se vuelven más sensibles, más cariñosos, menos agresivos. Hay futuro, señoras, hay futuro. Mejoran hasta en su capacidad de ser empáticos. Os espera una jubilación de comprensión, empatía, cariño... No está todo perdido. *Ladies*, no os separéis en torno a los cincuenta. Porque os dará mucha rabia comprobar cómo se abrazan, son delicados y entrañables con sus nuevas parejas. Y pensaréis «¿qué tiene ella que no tenía yo?». No es ella, es el cerebro de él, que ahora responde más como el cerebro femenino. Incluso, incluso... les suele gustar más complacer sexualmente a sus parejas que atender a su propia satisfacción. ¡¡¡Señoras, a partir de los cincuenta vais a estar en la mismísima gloria!!!

Y LA MÍTICA... «¡CARIÑO, ES QUE NO LO ENCUENTRO!»

Cuando vivíamos en las cavernas, el propio papel del cazador implicaba tener un foco atencional diferente, más estrecho, lo que se llama el foco atencional en túnel. La visión de ellos estaba preparada para buscar comida, cazar animales y recolectar. No necesitaba una visión amplia y panorámica como la de la mujer, que era la que cuidaba de la prole en la cueva. Así se explica que muchas veces, de forma graciosa, los hombres no sean capaces de encontrar lo que tú les pides cuando van al armario. Y llegas por detrás, después de que te hayan vociferado «María, no lo veo», y lo encuentras a la primera. Y también se explica por qué les pillamos mirando por la calle a alguna mujer atractiva. ¡¡¡Tienen que girar la cabeza, nosotras no!!!

Y SI SE TRATA DE BUSCAR SOLUCIONES...
NENA, ELLOS NOS LLEVAN VENTAJA

El hombre tiene un cerebro muy solucionador. ¿No os habéis dado cuenta de que cuando tratáis de hablarle de algo que os preocupa, en lugar de empatizar y daros pequeñas muestras de ánimo —«ah, ya veo, cariño, esto debe de ser horrible»—, su mente se pone en marcha y antes de que acabéis la frase ya os ha ofrecido el consejo estrella? Su mente entiende que, si hay un problema, hay que buscar soluciones. Eso de hablar de problemas por hablar de problemas... ¡es una pérdida de tiempo! Recordad que emocionalmente hablando están en desventaja. Y también lo están en el ámbito del hablar por hablar. Así que, si al mismo tiempo se juntan las emociones y el hablar por hablar, entran en colapso. Ellos buscan soluciones.

EXISTEN MUCHAS OTRAS DIFERENCIAS FRUTO
DE LA EDUCACIÓN Y LA CULTURA

Ellos se han educado en su rol protector, cuidador. Y de repente, ¡señores, no deseamos ser protegidas como si estuviéramos presas en lo alto de una torre y tuvierais que venir a rescatarnos! Deseamos ser compañeras, caminar al lado, ser amigas, que nos percibáis fuertes, capaces, pero nunca rivales. Así que no solo el cerebro es responsable de muchas de las diferencias en ambos sexos, sino también de las motivaciones. Mientras que nosotras deseamos implicarnos e involucrarnos con nuestro trabajo a la par que los hombres, muchas de las tareas del hogar de las que nos ocupábamos años atrás se quedan sin hacer. La motivación del hombre por atender lo que ahora queda desatendido no es la misma que la nuestra por disfrutar y desarrollarnos en nuestro trabajo. Los hombres están tardando más en adaptarse a los cambios derivados de la incorporación de la mujer al mercado laboral.

También existen algunos mitos que deberíamos romper

Siempre se ha dicho que a las mujeres se nos daban peor las matemáticas. Pero según un estudio llevado a cabo por científicos de la Universidad de Wisconsin-Madison con más de 1.200.000 personas, no existen diferencias de género a la hora de resolver tareas de cálculo matemático, aritmética o geometría. Pero el daño que ha causado este mito ha sido determinante en la elección de muchas carreras profesionales de mujeres que han declinado un futuro para el que se sentían en desventaja. Un estudio muy interesante relacionado con este tema es el que se llevó a cabo en la Universidad de Harvard. Seleccionaron a varias mujeres asiáticas, las dividieron en dos grupos y les pidieron que resolvieran el mismo ejercicio de cálculo. Para comprobar cómo afectaban las expectativas que tenían sobre sí mismas, les dieron las siguientes instrucciones antes de iniciar la prueba. Antes de empezar, las integrantes del primer grupo tenían que recordarse a sí mismas que eran mujeres, sin más. Las del segundo grupo, en cambio, tenían que recordarse a sí mismas que eran asiáticas. Y aunque el ejercicio matemático era el mismo para ambos grupos, el segundo lo resolvió mejor que el primero. ¿Por qué? Muy sencillo. El grupo de asiáticas que hizo hincapié en que eran mujeres creyó que partía con desventaja, por la mítica falacia de que las mujeres somos peores que los hombres en matemáticas. Mientras que el segundo grupo de mujeres asiáticas partió con ventaja, porque siempre se ha afirmado que los asiáticos son mejores en matemáticas que el resto de razas. Y todas eran *mujeres* y *asiáticas*.

Existen muchos, muchos mitos, y muchos estudios interesados, poco rigurosos, poco metódicos, que llaman la atención, que son populares, pero que contienen numerosos sesgos. De hecho, la nueva corriente sobre neurosexismo trata de desmitificar todos estos experimentos. La ciencia, aunque se llame ciencia, también comete errores, bien por falta de recursos, bien porque hay zonas del cerebro que todavía no podemos investigar con la exactitud que desearíamos.

Tomémonos estas diferencias, todas ellas, con sentido del humor, quedémonos con las que nos sentimos identificados, pero démosles un valor relativo. De hecho, año tras año, década tras década, la ciencia contradice experimentos y resultados que parecían perfectos.

Las diferencias no son ni buenas ni malas. Y jamás pueden conducir a segregarnos en derechos, obligaciones, respeto, oportunidades ni en nada que nos aleje de la igualdad. En ningún caso pueden establecer desigualdades. Al revés, el mejor conocimiento entre hombres y mujeres puede resultar de una comprensión mutua que nos ayude a tener relaciones más sólidas, más respetuosas, más cómplices y más divertidas.

Para que las diferencias entre hombres y mujeres no sean parte de la ruptura, recordad...

Si eres mujer:

1. Avisa a tu pareja de tu estado de ánimo, así podrá comprenderte mejor: «Cariño, hoy no estoy de humor. No me pasa nada, pero no estoy de humor».
2. Por favor, respeta el silencio de tu pareja. Si no tiene ganas de hablar, ¡¡¡no insistas!!! No tiene ni la habilidad ni le apetece tanto como a ti.
3. No tires de la manta en cada discusión. Haz borrón y cuenta nueva. Está claro que tu hipocampo te lo va a recordar, pero no necesitas verbalizarlo.
4. Enseña a tu pareja a poner nombre a las emociones y no te enfades si no sabe expresarte cómo se siente. Trata solo de preguntar de otra manera. Y valora cada pequeño paso que dé en el plano emocional.
5. Pon sobre aviso a tu pareja de que vas a contarle algo que te preocupa pero que no necesitas consejo, que solo deseas desahogarte un rato y sentirte querida. Que solo quieres un abrazo y poder llorar, sin más presión.

Si eres hombre:

1. Sé comprensivo con las hormonas de tu mujer, de verdad que ella sería la primera en desear que no le afectaran. No hagas comentarios dañinos como «es que en estos días no hay quién te entienda». No te tomes su estado de ánimo como algo personal.
2. Si no tienes ganas de hablar cuando tu mujer desea contarte el presente, pasado y futuro de su día, dilo, pero no hagas como que escuchas si no lo estás haciendo de verdad. Puedes ser sincero y decir algo como «cariño, ahora estoy agotado, ¿te importa que hablemos de ello más tarde?».
3. Si tu pareja te pregunta «qué te pasa», evita en la medida de lo posible la respuesta «nada». Es mejor un «no lo sé». Déjate ayudar. Cuando te pregunta, lo hace por interés, no por interrogar. Solo quiere ayudar. Trata de explicar lo que te ha ocurrido durante el día o lo que te preocupa.
4. Cuando tu pareja te cuente un problema o te diga que se siente triste, nerviosa o mal, no saltes enseguida con el consejo solucionador. Es mejor preguntar si desea que le aconsejes o si lo que desea es ser escuchada. En este caso, abrázala, dile que la comprendes, que te pones en su lugar. Pero no des soluciones. No las necesita, aunque tú pienses que sí.

2
El enamoramiento

Como canta Raphael, «Si confundes tu cuerpo con tu alma, es que estás enamorado». ¿Quién no ha vivido alguna vez la experiencia mágica e incomparable de estar enamorado? Esas mariposas constantes en el estómago, esos nervios internos que hacen que no podamos comer nada y que adelgacemos cinco kilos en dos semanas, ese alud de pensamientos y sueños que vemos como reales sobre la otra persona... Fantaseamos, imaginamos, idealizamos y nuestro nivel obsesivo no hace más que crecer. No podemos concentrarnos en nada, solo tenemos a esa persona en la cabeza, acaparando nuestra mente y nuestros pensamientos, paralizando nuestros proyectos y entrometiéndose en nuestras obligaciones... ¡Todo gira, de repente, en torno a ese ser maravilloso, incomparable y sin igual, del que nos hemos enamorado! ¡Es perfecto! Bueno... y si no lo es, ya nos encargamos nosotros de hacer que lo sea. Si hace falta que lo tuneemos un poco, que le quitemos un poco de aquí y le añadamos un poco allá, lo hacemos tranquilamente. El problema, eso sí, viene cuando nos olvidamos por completo de que eso lo habíamos añadido nosotros y que, en realidad, no venía *de serie*... aunque de este tema ya hablaremos más adelante.

Nos hemos enamorado. Apenas podemos creer lo afortunados que somos de habernos cruzado con alguien así, tan perfecto... y si encima esa persona también se ha enamorado de nosotros, la experiencia ya es el éxtasis máximo.

Como por arte de magia, parece que pensamos igual en muchos aspectos, parece que nos molestan las mismas cosas y que también tenemos gustos y preferencias similares. Vivimos en una burbuja de la que es muy difícil sacarnos.

Eso sí, cuando estamos separados o tenemos que alejarnos, experimentamos un sinvivir que es difícil de gestionar. Es como si nos quitaran una droga a la que nos hemos vuelto adictos de repente, y cuando llevamos demasiado tiempo sin consumirla, el cuerpo nos suplica que le demos su dosis. Se genera en nosotros una ansiedad y una angustia que podríamos identificar con el mono que provoca cualquier otra adicción. Nuestro cerebro empieza a seleccionar una serie de imágenes y recuerdos, elegidos con mucha precisión, para que nuestro deseo sea tan grande que no podamos evitar dejarlo todo y solo pensemos en consumir, es decir, en estar con la persona de la que nos hemos enamorado.

Y hasta que no estamos de nuevo a su lado, no logramos calmar nuestra ansiedad. Hasta que no sentimos sus manos en nuestra piel, el sabor de sus besos, su aliento en nuestra mejilla, su voz susurrándonos palabras de amor... ¡¡¡Al fin!!!

Ya sabéis, cuando volvemos a estar juntos, de repente

se nos olvidan nuestros problemas, nuestras preocupaciones, nuestros malestares... nos sentimos saciados y completos de nuevo. Ya estamos donde queremos estar y no necesitamos nada más.

Lo que ocurre, no obstante, es que con ese alud de sentimientos y emociones tan intensas y acaparadoras, olvidamos (o ignoramos) que eso se debe a una serie de cambios químicos que se producen en nuestro cerebro cuando nos enamoramos. De repente, sin que podamos controlarlo, suben desmesuradamente los niveles de determinadas sustancias que hacen que vivamos la situación de esa forma, con tal nivel de intensidad y descontrol.

Esos cambios no son voluntarios ni elegidos, simplemente se dan, y según los antropólogos es probable que sea para asegurar la continuidad de la especie como último objetivo. Vamos a ver por qué.

Cambios químicos en el cerebro enamorado

Los cambios químicos más habituales que se producen en nuestro cerebro son un aumento drástico de los niveles de diferentes neurotransmisores:

Cortisol. Es la llamada hormona del estrés, y sus niveles suben de forma sustancial en el cerebro enamorado.

Serotonina. Los niveles de serotonina bajan drásticamente cuando estamos enamorados, y por ello podemos volvernos muy obsesivos, algunas personas hasta tal extremo que son incapaces de mantener los pies en el suelo y descuidan su trabajo, o incluso a sus hijos, cuando están bajo los efectos del enamoramiento. Algunos trastornos como el trastorno obsesivo compulsivo, la depresión o la ansiedad también coinciden con estas bajadas del nivel de la serotonina, por lo que los síntomas serían parecidos. Lo bueno es que el enamoramiento es transitorio y se pasa con el tiempo. ¡Si durase mucho, no sería bueno para la salud!

Vasopresina. Es la responsable de que tengamos preferencia por una persona en concreto, creando un nivel muy alto de bienestar cuando estamos con esa persona y generamos fuertes vínculos que nos mantienen unidos a ella.

Dopamina (asociada al sistema de recompensa del cerebro). Cuando consumimos determinadas sustancias, o cuando vivimos determinadas situaciones o estamos con algunas personas en concreto, puede que sintamos un bienestar muy profundo. Eso nos puede ocurrir con un alimento (dulces, entre otros), bailando salsa, cantando, con las drogas... Al «consumirlas», nuestro cerebro segrega dopamina, haciendo que notemos una profunda sensación de bienestar. Luego, cuando pasa cierto tiempo, queremos volver a tener esa sensación placentera, y entonces buscamos/hacemos lo que nos produjo tanto placer. Y si volvemos a sentirlo, ya nos será difícil dejar de consumirlo. Nuestro cerebro se habitúa y lo busca incansablemente. Si no se lo damos, tratará de tentarnos mostrándonos (en la pantalla de nuestra mente) imágenes y recuerdos de lo bien que nos sentó... Eso activará un deseo cada vez más fuerte de ir en su busca, y no se relajará hasta que volvamos a consumir...

Los antropólogos consideran que estos cambios químicos tienen la finalidad de asegurar la continuidad de la especie, porque al no poder detenernos ante la fuerte atracción y la necesidad que sentimos de la otra persona, al ser tan intenso nuestro deseo de estar a su lado, también se despierta el deseo sexual que nos lleva irremediablemente a la cópula. Y así es como aparecen los embarazos y seguimos reproduciéndonos. Si no sintiéramos esa atracción tan fuerte y ese deseo que nos impulsa a juntarnos y a tener relaciones sexuales, no podríamos garantizar la perpetuación del ser humano. Y aunque hoy en día la natalidad haya descendido, sabemos que eso no tiene nada que ver con la parte biológica y evolutiva. Nuestros procesos químicos internos son los mismos y siguen induciéndonos a las mismas conductas a través de los mismos impulsos.

¿Y QUÉ OCURRE CUANDO DECIDIMOS EMPEZAR UNA RELACIÓN DE PAREJA?

Llegados a este punto, probablemente ya lo tenéis claro. Sentimos atracción y deseo, y acabamos teniendo relaciones sexuales con la persona de la que nos hemos enamorado. Muy bien. Y también es probable que, si ambos buscamos una relación de pareja, decidamos empezar como tal. Lo interesante, por tanto, es analizar qué es lo que ocurre a partir de aquí, a partir del momento en que decidimos empezar una relación de pareja, teniendo en cuenta que aún estamos bajo los efectos del enamoramiento (es decir, de esos cambios químicos del cerebro que hacen que no percibamos la realidad exactamente tal como es).

Por lo general, lo que ocurre es que, al estar bajo esos efectos, no nos mostramos como somos. Uno siempre trata de mostrarse ante el otro haciendo gala de su mejor versión, o, por lo menos, esforzándose en mostrarse como intuye que el otro espera que sea. Es decir, todo menos ser uno mismo y tratar de fluir. Es la etapa del cortejo y tenemos que ganarnos a la otra persona, por lo que, sin darnos cuenta, nuestro mayor objetivo es gustar y convencer.

Por ello, también sucede que nos encontramos inesperadamente ante conductas o situaciones que en otras circunstancias nos generarían un rechazo profundo y absoluto, pero debido al enamoramiento, lo minimizamos, y es como si no nos molestase tanto, le quitamos la importancia que en otro momento (o incluso más adelante) le daríamos. Olores, reacciones, conductas, decisiones o actitudes. Todo da igual o se relativiza si es observado y analizado por los ojos de un cerebro enamorado. Por eso es muy peligroso tomar decisiones relevantes durante esta etapa, porque podemos ignorar o pasar por alto aspectos de gran importancia que nos aportan muchos datos sobre cómo funciona o cómo es la persona con la que estamos empezando esa historia.

En vez de estar con los ojos bien abiertos para percibirlo todo, es como si avanzáramos a tientas, en medio de la penumbra, viendo siluetas que se nos muestran atractivas, pero que no podemos analizar con claridad y detenimiento. Al mismo tiempo, nos sentimos envueltos en nubes de algodón de color de rosa, aparentemente suaves y sedosas, que tampoco sabemos si son reales o son el producto de un sueño. En fin... lo dicho, mejor tomárnoslo con calma e ir viendo dónde ponemos los pies en cada nuevo paso que decidimos dar.

No es de extrañar, funcionando así, que un buen día nos demos cuenta de que tal vez nos hemos equivocado en la elección, y que en realidad no nos gusta cómo es esa persona. De ahí en adelante empieza un camino de curvas del que puede ser realmente difícil salir ileso. Podemos quedar atrapados en el tortuoso viaje del «ya lo cambiaré» o «ya cambiará» o «terminaré aceptándolo». Se trata de tres fórmulas que, a decir verdad, raras veces funcionan. Yo no las he visto funcionar nunca con éxito. Por experiencia y estadísticas, podemos decir que cuando entramos en ese terreno, vamos de mal en peor.

La cuestión sería que tratáramos de vivir el enamoramiento de una forma más coherente y racional. Sin ignorar la parte química que no podemos controlar, pero poniendo nuestra razón al servicio de nuestros sentimientos, sin dejarlos volar totalmente descontrolados. Aunque hay que reconocer que a algunos puede parecerles una tarea imposible controlar parte de lo que ocurre cuando se está enamorado, la verdad es que en la gran mayoría de casos podemos conseguirlo.

¿Qué es lo que hace falta para ello? Hace falta un ingrediente imprescindible: consciencia. Ser consciente de uno mismo, tener la capacidad de mirarse, de hacerse preguntas, de verse desde fuera para así, con un poco de perspectiva, ser más capaces de valorar si estamos tomando las decisiones y emprendiendo las acciones adecuadas. Así es como podemos analizar si aquello que está ocurriendo encaja o bien choca frontalmente con nuestros valores. Es, sin duda, una información de gran valor que agradeceremos haber tenido en cuenta durante el resto de nuestra vida.

Se trata de ir analizando de forma racional cada cita, cada encuentro, cada grata sorpresa y cada pequeña (o gran) decepción. Durante el enamoramiento no debería haber decepciones, se supone que en ese período es cuando todo se ve más bonito, por lo que si ya en esa fase percibimos cosas que nos echan atrás, la consigna debería ser: *¡sal corriendo!*

Más allá de regocijarnos una y otra vez en lo que tanto nos gusta de la otra persona, también deberíamos hacer una lista mental de todo aquello que nos disgusta o que no nos gusta tanto, para así poder plantearnos si es tolerable, si podemos soportarlo y si sabremos cómo lidiar con ello en caso de que no cambie nunca (lo cual, por cierto, suele ser lo más probable).

Somos conscientes de que eso de hacer una lista de lo que no nos gusta del otro, en pleno enamoramiento, puede sonar a fantasía pura, pero os aseguramos que podemos conseguirlo, y la luz que esto nos va a aportar será de grandísimo valor.

Ejemplo de lista negativa:
- Hoy hemos ido a cenar y porque el camarero no le ha atendido como él/ella esperaba, le ha hablado mal y le ha faltado al respeto. Incluso he llegado a pasar vergüenza.
- Ha hecho un comentario que me ha dejado en ridículo delante de nuestros amigos.
- Se comporta con las personas del sexo opuesto de un modo que me hace sentir incómodo/a.
- A veces siento que trata de convencerme de que vea las cosas como él/ella las ve, como si mi postura fuera incorrecta. En ocasiones, incluso me hace sentir tonto/a por no pensar como él/ella, y acabo dudando de mí mismo/a.
- Decide por mí la ropa que debo vestir.
- Siento que por mucho tiempo que estemos juntos, nunca tiene suficiente, siempre quiere más.
- No es claro/a, ni corta por completo la relación con otras personas con las que tenía algo hasta que hemos empezado a salir en serio.
- Me esconde de sus amigos o de su familia.
- A veces se enfada y pierde los papeles, y no me trata de forma respetuosa.
- Me dice que estoy demasiado unido/a a mi familia y que debo alejarme de ella.
- Critica a mis amigos y trata de apartarme de ellos.

Cuando hacemos una lista negativa, y en esta aparecen situaciones como las que aquí se describen, debemos ser conscientes de que están ocurriendo cosas muy graves y que son señales claras de alerta.

Si una persona actúa de este modo, es porque comportarse así forma parte de su repertorio de conducta, y lo más probable es que tarde o temprano vuelva a hacerlo.

Elegir a una persona que a veces nos trata mal (es decir, que nos maltrata) es una garantía de que pronto seremos personas maltratadas, al igual que si escogemos a una persona con alguna adicción, es muy probable que no tardaremos en pasar a ser su salvador/a y creemos una clara codependencia. No lo admitiremos, claro está, diremos que él/ella es diferente, que quiere salir del problema, que somos lo único que le importa, pero estaremos atrapados igualmente.

Y, por otro lado, ¿sabéis qué ocurre? Que acostumbramos a sentirnos atraídos por personas con patrones que nos resultan familiares. Es decir, con conductas o patrones que nos recuerdan a los que veíamos en casa, por parte de nuestro padre o nuestra madre. Puede tratarse de actitudes, de personalidad, de cualidades, de una determinada forma de tratar a los demás, de una filosofía de vida, etcétera. Nos sentimos *cómodos* con aquello que conocemos, ya que eso que hemos conocido de pequeños es lo que interpretamos como amor. Si en nuestra infancia presenciamos escenas de gritos, malos tratos, soledad o abandonos, eso es lo que creemos que es el amor. Para nosotros, amar consiste en eso. Por ello, cuando encontramos a alguien que nos empieza a tratar así, sentimos que esa persona nos ama. Por irracional que parezca, eso es lo que nos suele ocurrir, hasta que tomamos conciencia y lo comprendemos.

Bueno, a estas alturas seguramente ya tendréis claro que llegamos al enamoramiento con muchísimos condicionamientos, tanto emocionales como químicos, y por todo ello resulta bastante fácil cometer errores en esta importante y decisiva etapa de la relación. A continuación, vamos a ver cuáles son los más frecuentes, para que, al conocerlos, podáis evitarlos.

A MENUDO NO ELEGIMOS A NUESTRAS PAREJAS, ELLAS NOS ELIGEN

Uno de los principales errores responsables de que en las relaciones no nos vaya bien, es que no elegimos de forma consciente a nuestras parejas. Lejos de elegirlas nosotros, son ellas quienes nos eligen.

Si lo analizáis, puede que os deis cuenta de qué ocurre cuando viene alguien y os dice algo bonito, un piropo, un reconocimiento (ya sea sobre vuestra capacidad intelectual como sobre vuestro físico), alguien que os regala los oídos de una forma a la que no estáis acostumbrados/as (ninguno de nosotros lo estamos). Pues bien, lo que ocurre es que nos encanta. Primero es como si nos costase lidiar con ello, no sabemos ni cómo reaccionar, incluso puede que en apariencia nos moleste, o que tengamos que decirle basta, que no siga, porque escuchar tantos halagos y comentarios bonitos nos supera. Pero en el fondo nos encanta, nos llena de alegría, de plenitud, de satisfacción. ¡Nos han visto! ¡Hemos sido vistos por alguien! ¡Y encima le gusta lo que ve! Eso es maravilloso, incluso cuando proviene de alguien que no nos gusta nada (en principio). Y digo «en principio» porque también es habitual que, aunque no nos guste en un primer momento, después de habernos hecho sentir visibles, también nosotros empecemos a «verlo» a él, y a plantearnos: «¿Por qué no? Tampoco está tan mal...». La verdad es que hemos escuchado infinidad de veces expresiones como: «¡Y lo bueno es que a mí ni siquiera me gustaba! Fue él/ella quien me insistió, quien venía a verme, quien me llamaba, me escribía... hasta que al final acepté y empezamos a salir».

Puede ser que alguien no os guste de entrada, o tenga algo que no os atraiga mucho, y sin embargo, más tarde, al ir conociéndolo/la, os vaya gustando más. Pero en muchos casos (y es de estos de los que estoy hablando), esa persona no os gusta de entrada, y por el simple hecho de regalaros los oídos o mostrar interés en vosotras/os, decidís que ya os va bien. Y luego la vais conociendo y cada vez os gusta menos, pero ya estáis ahí dentro y no sabéis cómo salir.

Y cuando nos ocurre esto es cuando corremos el peligro de abrir nuestro corazón, dejándonos seducir totalmente por esas palabras bonitas del inicio, tan agradables de escuchar y tan poco frecuentes en nuestra vida... Incluso puede que, aparte de las palabras, al principio también haya ciertos actos y conductas que las acompañen. En la fase de enamoramiento todo es posible. Pero, de nuevo, nada de todo eso es real. Puede que lo sea, sí, vale, pero puede que no, y tenemos las mismas probabilidades de encontrarnos con una u otra realidad. Por eso es importante que seamos cautos y conscientes de todo lo que vaya ocurriendo. Y esto se consigue teniendo los ojos de la conciencia bien abiertos: observar, analizar, revisar, contrastar y decidir. No podemos ir dejando pasar cosas, aunque no nos gusten. Si algo nos chirría, hablémoslo con un amigo, un familiar, alguien de confianza que nos consta que tiene los pies en el suelo y la cabeza bien amueblada, esa persona que sabemos que nos va a dar un punto de vista centrado y racional. Así evitaremos caer en normalizar cosas que, de normales, no tienen nada.

No dejamos claro qué es lo que no nos gusta

Otro error muy frecuente y que suele acarrearnos problemas importantes en la relación de pareja es no ser claros desde el inicio con lo que nos gusta y lo que no. Y con esto nos referimos a todo aquello que implique a la otra persona. Nuestros gustos personales ya los irá descubriendo en el día a día a medida que nos vayamos conociendo, pero hay otros aspectos que tienen que ver con la pareja, y con estos sí que deberíamos ser muy claros y ponerlos encima de la mesa lo antes posible.

Al principio de la relación, debido a esos cambios químicos cerebrales, nos parece que nada nos molesta y olvidamos aquellos aspectos que para nosotros son importantes. Y esto incluye tanto aspectos de convivencia como de relaciones sociales, o la parte sexual. Cualquier área de nuestra vida que nos implique a los dos debe ser cómoda para ambos, debemos sentirnos a gusto en ella, igual que lo hacemos cuando estamos con nuestro mejor amigo. Debemos sentirnos orgullosos de ir con esa persona al lado, sentir que podemos llevarla a cualquier parte y con quien sea.

En la consulta vemos que a veces, en la fase del enamoramiento, pasan cosas como las siguientes:

> Al inicio, uno de los dos es muy ordenado, y el otro/a es lo contrario, y el ordenado va detrás recogiéndolo todo y limpiando. No le importa porque está enamorado, pero si para él/ella el orden es un valor imprescindible para sentirse a gusto en su casa, que le proporciona armonía y bienestar, mientras que la otra persona es muy desordenada, tarde o temprano le sacará de quicio y se hartará. Por eso, si uno se conoce bien y tiene identificado este valor, debe ser muy claro con el otro para que luego no le digan cosas como: «Al principio no eras así, nada de eso te molestaba, ¿qué te ha pasado ahora?».

> A veces, hay parejas que quedan con gente y se dan cuenta de que el otro (él o ella) flirtea con otras personas, o tiene una manera de relacionarse que da pie a confusiones, y eso, por supuesto, hace que su pareja se sienta muy mal, poco importante, poco respetada, incluso humillada.

Si esas situaciones aparecen al inicio de la relación, mucho mejor, ya que deberíamos salir corriendo de allí, y cuanto antes lo hagamos, antes nos liberaremos de lo que sin duda acabará siendo una auténtica pesadilla. Sin embargo, el error que cometemos en la mayoría de casos es entrar a dialogar con la otra persona, tratar de hacerle entender que no puede hacer eso, que su actitud nos hace sentir mal, que nos decepciona. Pero claro, si la otra persona no lo trae aprendido ya de casa, si no llega a verlo por sí misma sin que tengamos que decírselo, significa que no ve nada malo en lo que hace, que esa forma de actuar está dentro de sus parámetros de normalidad, de lo que es correcto y, por tanto, volverá a actuar así de forma automática, porque no identifica dónde está el límite de lo incorrecto.

También se dan muchas situaciones relacionadas con la parte sexual. Vivir momentos de insatisfacción o incluso de abuso al inicio de la relación, tolerar o aceptar determinadas situaciones o fantasías de la otra persona que nos generan un absoluto rechazo, o incluso que nos hacen sentir denigrados, es un error garrafal. Aunque estemos convencidos de que «lo estamos haciendo por amor», eso tiene de amor lo que pinta un pingüino en La Habana. NADA. Primero, debemos asegurarnos de que la otra persona sabe que nosotros no queremos ni deseamos vivir esa experiencia, y una vez lo sabe, si su reacción es tratar de convencernos para que accedamos, insistirnos, o incluso enfadarse o amenazarnos si no cedemos, ahí, de amor, NO HAY NADA. Esa persona no nos ama. Y si no recibimos señales de amor en algo tan importante e íntimo como esto, si ni siquiera nos respeta, ni le importa lo que sintamos o cómo nos va a afectar esa situación, nosotros tampoco podemos amar a esa persona. Debemos irnos.

Estos tres son algunos ejemplos de situaciones que ocurren en diferentes áreas de nuestra vida y de la relación en las que deberíamos ser muy claros desde la misma etapa de enamoramiento, para ver si llegamos a un punto de entendimiento con la otra persona, para que ambos nos sintamos cómodos y a gusto, o simplemente bien; de no ser así, tal vez debamos plantearnos dejarlo antes de hacernos más daño.

No olvidemos que una relación de pareja no es algo estanco ni permanente. Es algo que está vivo y en constante evolución. Es algo que, como todo, crece o se muere. Todo en esta vida crece o muere. Cuando nos sentimos estancados en una relación, igual que en un trabajo o en una situación concreta, es como si empezáramos a estar cada vez peor. Y durante el enamoramiento también puede pasar lo mismo. Debemos estar atentos para identificarlo y salir a tiempo, a menos que todo lo que vayamos descubriendo de la otra persona encaje con lo que para nosotros es importante y, en consecuencia, con lo que estamos buscando.

Si no somos claros con lo que no nos gusta desde el primer momento, iremos dejando pasar cosas y llegará un día en que explotaremos. La otra persona no va a entender nuestra reacción, ya que al no haber sido claros con lo que nos molestaba, el otro no tiene ni idea.

Para evitar esto, cuanto más claro tengamos aquello que no nos gusta y más claro se lo dejemos al otro desde el principio, mucho mejor.

No nos planteamos qué buscamos en la otra persona

De la misma manera que es importante dejarle claro qué es lo que nos molesta o no nos gusta de la forma de actuar y comportarse de la otra persona, deberíamos plantearnos ya desde el inicio qué cualidades nos parece importante que debería tener. Es importante establecer cuáles son las características, aspectos, valores y prioridades que deseamos que tenga para que encaje con lo que nos gusta y con lo que estamos buscando. Solo si encaja, solo si tiene unos valores parecidos a los nuestros y priorizamos las mismas cosas, podremos tener una relación fácil y fluida. Esta es la fórmula adecuada para evitar invertir todo nuestro tiempo en tratar de convencer o de hacer entender al otro/a cosas que para nosotros son muy básicas. Es una tarea que resta mucha energía y desgasta hasta la saciedad.

Solo si me he planteado cuáles son estas características para mí imprescindibles en la otra persona, podré comprobar, a medida que la voy conociendo, si he hecho una elección adecuada o si me he equivocado y debo filtrar mejor la próxima vez.

Se trata de que elijamos personas que encajen con lo que buscamos, con lo que nos gusta, con lo que queremos de verdad, y descartemos todas las que se alejen de ese perfil.

Os proponemos que, tanto si tenéis pareja como si no, hagáis una lista de cómo debe ser vuestra pareja ideal. Tratad de escribir todas aquellas características de personalidad, carácter, aficiones, prioridades, etcétera, que hacen que admiréis a alguien y os sintáis verdaderamente a gusto con esa persona a vuestro lado.

Si en este momento tenéis pareja, intentad olvidaros por un momento de cómo es y centraos en vosotros, en lo que honestamente sentís que encaja con vuestra forma de ser. Es un ejercicio para arrojar luz y tomar conciencia de cómo sois y de qué es lo importante para vosotros.

Escribid todo lo que valoráis, no filtréis ni os pongáis ningún límite (por ejemplo, cariñoso/a, dialogante, que me haga crecer, mi mejor amigo/a, sexualmente activo/a, sentido del humor, respeto, tiempo libre juntos, etcétera).

Una vez hecho, revisadlo. Si tenéis pareja ahora, analizad con cuáles de estas características encaja él o ella para ver si habéis hecho una buena elección o si os habéis equivocado. Y si no tenéis, analizad vuestras parejas anteriores para comprender por qué posiblemente no fuisteis felices o no funcionaron. Es un ejercicio muy revelador.

3
La dejadez

Queridas señoras y queridos señores, si el enamoramiento es esa etapa del amor y de la pareja en la que uno desearía estar toda la vida sintiendo esas mariposas, viviendo en los mundos del *flower power*, pensando continuamente en el otro y recordando las escenas de sexo salvajes y apasionadas... ¿por qué lo dejamos escapar? ¿Cómo somos tan cenutrios de permitir que se nos resbalen de las manos esos sentimientos de admiración, complicidad y deseo tan profundos? Las hormonas, para variar, tienen su gran, su grandísima, su enorme parte de responsabilidad. Es cierto que no podemos manejar las hormonas a nuestro antojo, y que llega un momento en que todo se apacigua. Y menos mal que es así, porque no hay cuerpo que aguante la marcha que le metes al inicio de una relación. ¡Hay parejas que hacen el amor todos los días, y no una vez, sino varias! Gracias al cortisol que genera el enamoramiento, pueden pasarse durmiendo poquísimo los primeros meses de la relación y encontrarse radiantes, con energía, vigorosas. ¡Parecen los protagonistas de *9 semanas y media*, todo el día encima del columpio y sin sufrir desgaste! ¡Cómo nos gusta recordar esos momentos de nuestra relación de pareja! No es que uno viva de recuerdos, pero sí es cierto que los recuerdos y la visualización nos ayudan a sentir emociones muy parecidas a las que experimentamos en la situación real. Así que, a falta de hormonas, visualizaciones al canto.

Una vez que nuestras hormonas se asientan, se permiten el lujo de descansar. Interpretan que ya han hecho su trabajo, que hay dos personas que ahora tienen un compromiso, que no tienen que esforzarse mucho más, que la descendencia está asegurada, que la especie va a seguir sobreviviendo, y... ¡catapún!, aparece la «dejadez».

De repente, oye, como quien no quiere la cosa, también se toman muy en serio lo del sentido de la propiedad. Ahora que ya es tuyo o tuya, relajémonos. ¿Os sentís identificados? La dejadez es como comer de pie con un *tupperware*. La dejadez es descuido, es falta de respeto, es el propulsor de la falta de admiración.

La dejadez la podemos encontrar en distintos ámbitos de la vida en pareja. Igual sois de los que piensan que es una frivolidad. Y que el amor profundo lo aguanta todo. Pero no es así. Muchas de las parejas que se separan se echan en cara haberse descuidado. «Es que no se cuida, no se quiere, no hace ejercicio, se ha echado encima más de diez kilos desde que lo conozco, no tiene amor propio.» Por muy frívolo que suene, todos le damos importancia. Analicemos a continuación en qué pecamos, y pongámosle remedio para cuidar y no cargarnos nuestra relación de pareja.

Dejadez en el baño

Esta es una de mis preferidas si deseáis cargaros vuestra relación *ipso facto*. El refranero español, que es muy sabio, tiene un refrán que nos viene al pelo: «La confianza da asco». Quien fuera que inventara este refrán estaba pensado que algún día yo iba a escribir este capítulo sobre la dejadez. Y es que hay parejas que interpretan que compartir el baño es un símbolo de confianza. Como hay mujeres que interpretan que mostrarse naturales en las redes es subir una foto depilándose. No señora, no, lo siento. Eso no es naturalidad.

Hay momentos muy románticos que sí podemos compartir en el baño, por supuesto. Darnos una ducha juntos, enjabonarnos y casi empezar con los preliminares para terminar teniendo sexo. Esto es maravilloso. Ojito con las duchas, que son muy resbaladizas y traicioneras. Y en lugar de terminar en la cama terminas en la camilla de un hospital con el hombro dislocado.

También puede ser muy romántico lavarse los dientes juntos, jugar con el dentífrico, dibujarle un corazón en la cara, ahora te lo dibujo yo a ti, y yo ahora te toco el trasero, y entre un corazón y un toqueteo, catapún, terminamos teniendo sexo. Hasta aquí todo es maravilloso.

Ah, también es maravilloso cantar juntos en el baño, igual suena un poco cursi e idílico, pero da mucho gusto imaginar esa escena en la que uno utiliza el cepillo de dientes a modo de micrófono y le canta a voz en grito al otro, entre risas. Hay un estudio que afirma que cantar en grupo, una pareja en este caso es un grupo, genera neurotransmisores y nos da felicidad. Incluso bailar desnudos en el baño al son de la música de la época en que éramos más jóvenes puede ser romántico, un símbolo de confianza y muy, muy divertido. Estas escenas tienen un poco de Hollywood, pero son escenas posibles. La triste realidad es que nos levantamos de mal humor, no ponemos música para animarnos, nos falta actitud, señoras y señores, soltamos un bufido en lugar de un «buenos días, princesa», y lo de bailar y cantar, ya ni se nos pasa por la cabeza.

Lo que no es de recibo, y vosotros me vais a perdonar, es eso de compartir el baño mientras vuestra pareja está sentada en el váter. ¡Eso no, nunca! Atenta contra el decoro, la dignidad y la pasión. Sí, la pasión. Ver a vuestra pareja sentada en el váter es inversamente proporcional a la libido que debería despertaros. Porque cuanto más veáis a vuestra pareja allí espatarrada, menos ganas tendréis de hacer el amor con ella. Y de verdad que muchas parejas se enorgullecen delante de otras diciendo que tienen muchísima intimidad, que lo comparten todo, incluso esas escenas del váter. «Manuel y yo nos tenemos muchísima confianza, de verdad, yo puedo estar maquillándome, y él ahí, sentado en el váter.» Pues lo sentimos: dentro de diez años, recordad esto, no pensaréis lo mismo.

Dejadez en la forma de vestir

¿Alguna vez os habéis planteado de dónde surge la sensualidad? ¿Qué es la sensualidad? ¿Qué proyectamos las personas, que hace que nuestra pareja nos encuentre sensuales? No es algo genético. Es un conjunto de conductas que engloban nuestra manera de hablar, caminar, sonreír y también vestir. No penséis que cuidar nuestra imagen es una frivolidad, es parte del juego de la seducción, del deseo de querer gustar al otro y también a uno mismo. Si desaparece la sensualidad, el erotismo, cuidar la imagen... empiezas a perder algo muy bonito, romántico y pasional de la relación de pareja.

¿Recordáis cómo os vestíais, perfumabais y cuidabais cada detalle en la fase de enamoramiento? Perdíais horas pensando en qué poneros. Os probabais un conjunto, veíais que no os favorecía lo suficiente y os probabais otro. Incluso salíais de compras expresamente a buscar algo nuevo que estrenar, con lo que seducir. Ah, y os perfumabais. Y de repente... qué a gustito estamos en casa, ¿verdad? La chimenea, la mantita en el sofá, Netflix... pero ¿qué haces con la bata de boatiné? Si pareces de *Cuéntame*. ¿Y tú, qué haces comiendo en casa medio desnudo y sentado en el sofá en gayumbos? Cuando vuestra pareja se enamoró de vosotros, no descuidabais estos detalles. Os conoció comiendo con camisa y estando en casa medio decentes. Y ahora, con la excusa de que tenéis frío, os endosáis esa bata raída. Y con la excusa de que tenéis calor, os sentáis a comer los espaguetis sin camisa o veis series en calzoncillos. Claro, cuando observáis la escena de vuestra pareja con un espagueti resbalándole del tenedor y aterrizando en medio de esa mata de pelo, porque no es metrosexual y no está depilado y no ha colgado su depilación en Instagram, perdéis la libido y hasta las ganas de comer, «huy, cari, qué llena estoy, no puedo más». No estáis llenas, estáis asqueadas.

Hay muchísima oferta en las tiendas de ropa interior para andar por casa y sentirse cómodo y atractivo, y además no suele ser cara. Se puede estar elegante e informal, que diría nuestra folclórica. Lo demás es dejadez. E igual que al principio os atrajo la buena presencia de vuestro amor, ahora os distancia lo que veis. No penséis que se trata de una idea frívola, y no digáis aquello de «o te quiere como estás o no te quiere». Eso sería simplificar. Nadie quiere compartir su vida con una persona que deja de cuidarse. Porque dejar de cuidarse es dejar de respetarse. La vista es poderosa, y casi todo nos entra por la vista. Desde lo que comemos hasta la decoración de cualquier lugar. Así que lo que veis de vuestra pareja, también. Cuando vais a comer a un buen restaurante y pedís unos huevos estrellados no queréis que simplemente os estrellen dos huevos en el plato y os pongan patatas alrededor. Esperáis que os los pongan bonitos, a ser posible en un molde, y que salga un plato perfecto, de esos que fotografiáis, subís a Instagram y escribís «Comiendo huevos estrellados con mi amor». Si los huevos no estuvieran presentables, ni haríais una foto ni la subiríais a vuestras redes. Sí, la imagen tiene un poder «poderoso». ¿Habéis oído o leído alguna vez algo sobre la cognición atávica? En un estudio de Hajo Adam y Adam Galinsky, de la Northwestern University, definieron la cognición atávica (*enclothed cognition*, en inglés) como el fenómeno según el cual la indumentaria provoca cambios en la forma de pensar y percibir el entorno.

Sí, nuestra forma de vestir determina cómo pensamos, sentimos o nos comportamos. Si os arregláis para dar una conferencia termináis sintiéndoos más seguros hablando en público. Porque la manera en que nos vestimos proyecta una imagen de nosotros sobre cómo deseamos ser tratados. Si decidís que la forma de vestiros y presentaros delante de vuestra pareja ya no es importante, después de unos años de relación tenéis al lado a alguien que se ha hecho mayor, obviamente, pero también a alguien que igual ha cogido peso y que interpreta que estar cómodo es vestirse con ropa dada de sí. Lo que se dice cómoda, es comodísima, pero atractiva, cero. Y lo peor de todo, si os mostráis dejados físicamente, puede que también terminéis percibiéndoos así.

Y llegados a este punto, vale la pena que prestemos atención a una prenda estrella de la dejadez. La ropita interior. ¿Se puede saber qué haces tú, sí, tú, querido caballero, con ese calzoncillo blanco dado de sí, que a veces hasta tiene agujeros? Cuando tu pareja te conoció llevabas esos Calvin Klein que te hacían un culito estupendo, que te apretaban y te sujetaban bien todo el fundamento, y cuando ella te veía así, le despertabas sensaciones. Por favor, tira ese calzoncillo a la basura. Ofende a la vida sexual.

¿Y tú, querida, con esas bragas de color visón, horribles, sin costuras, bien altas de cintura para que te metan la tripa, que no se transparentan, pero que acaban con la libido de cualquiera? ¡Si cuando empezaste a salir con tu pareja ibas como loca con ese conjunto de braguita y sujetador compañeros! Sí, compañeros, la braguita y el sujetador conjuntados, negros, con un poquito de encaje, pícaro... ¡si te ponían hasta a ti! Era probarte la ropita interior compañera y pensar «pero ¡qué mona voy!». Y eso sin haberte puesto el vestido. Nena, por favor, tira esas braguitas a la basura, o si te vas a poner un pantalón blanco, antes de que te lances a seducir a tu pareja te las cambias por otras que valgan la pena. La mayoría de mis pacientes separadas, cuando se vuelven a enamorar, van como locas a por la ropita compañera. ¡Pero si tenéis mucha variedad, y baratita, en todas las tiendas!

¿Os acordáis de cuando nuestras abuelas nos decían de pequeñas que cuando saliéramos a la calle lleváramos siempre la ropita interior limpia y nueva por si nos pasaba algo por la calle y nos tenían que llevar al hospital? ¿Qué pasa, que impresionar al médico es más importante que impresionar a vuestra pareja? Ahora que, os digo una cosa... Si por casualidad os habéis puesto el pantalón blanco y la braga faja horrorosa que no se transparenta y vais por la calle, os desmayáis y os tienen que llevar al hospital, quitaos las braguitas en la ambulancia, de verdad. Es mejor llegar al hospital sin braguitas y que digan «mira esta, qué fresca viene» a llegar con la braga faja y que saquen otras conclusiones.

DEJADEZ CON LA HIGIENE

La higiene, el erotismo y el deseo sexual van de la mano. A pesar de que el cerebro masculino está configurado para pensar en sexo a todas horas, la mujer tiene una sexualidad mucho más cognitiva. La mujer necesita un entorno que propicie el sexo, unas fantasías que lo alimenten, unos preliminares que lo enciendan. Algunas mujeres dirán que no, y también es genial. Y muchas otras dirán que depende de la persona, del momento, de la edad... Y así es. No hay nada universal ni general. Pero sí es cierto que la mayoría queremos que nuestra pareja esté aseada antes de que nos bese y nos toque. Muchas personas, sobre todo mujeres, dicen que les corta el rollo imaginar una mano sucia tocando sus genitales. La verdad es que se trata de una parte muy delicada e íntima.

Al principio de la relación os poníais guapos o guapas. Esto no solo incluía la ropa que elegíais, por dentro y por fuera, también la ducha, el desodorante, llevar los dientes limpios, de un tono blanco nuclear, peinaros, incluso cuidaros las uñas, el pelo, y perfumaros. Os tomabais vuestro tiempo e interés, porque queríais gustar.

Si llegáis de trabajar y antes siquiera de lavaros las manos o los dientes tratáis de besar y tocar a vuestra pareja, y os rechaza, no le digáis «cariño, hay que ver, es que la cocina no te pone». No, no le pones tú en ese momento porque no has cuidado un mínimo tu higiene para que él o ella puedan besarte con gusto y dejarse acariciar con ganas.

Si antes de poder nadar en una piscina os piden que os deis una ducha, ¿no os la vais a dar antes de tener sexo con vuestra pareja? El sexo no se reduce a la penetración. El sexo lo conforman muchas prácticas distintas, según la elección y el gusto de cada pareja, y puede incluir juegos y caricias bucogenitales. Lo normal es que nos sintamos más cómodos y relajados si cuidamos la higiene personal.

Y si ahora os preguntáis por qué, siendo esta una cuestión tan importante, vuestra pareja nunca os lo ha comentado, igual es porque no existe tanta confianza como os imaginabais. De todas formas, resulta bastante delicado e incómodo decirle a alguien que atufa a sudor, que le huele el aliento o que debería darse una ducha antes de tener sexo. Se trata de algo tan básico que da vergüenza tener que pedirlo.

Dejadez en los detallitos de la vida cotidiana

No solo nos dejamos con el aspecto físico, el exceso de confianza o la higiene. Señoras y señores, somos ricos en lo que a «dejadez» se refiere. ¿Qué me decís de los detallitos? Cuando estáis en pleno enamoramiento todo son mensajitos interesándose por tu día a día, por tu dolor de cabeza de ayer, por cómo te has levantado, para desearte un feliz día, y antes de que te sientes a desayunar ya te han preguntado si has disfrutado del desayuno. ¡Pero si no he llegado ni a la cocina! Los WhatsApp echan chispas y los emoticonos se nos agotan. Corazones por todos lados, escribís más corazones y caras felices que palabras. Os mandáis mensajes todo el día. Y muchos de ellos sensuales y subiditos de tono: «Amor, en cuanto entre por la puerta, te lo voy a dar todo». Y de repente, cuando lleváis un tiempo de convivencia, en lugar de recibir «Amor, trabajando y pensando en ti, te deseo tanto...», recibes un «Esta es la lista del Mercadona, pásate antes de volver a casa». ¡Tooooomaaaaaa! ¿Y ahora qué? Y, ojito, que como reclames los mensajes del pasado, te dirán «pero si sabes que te quiero, cari, te lo demuestro cada día».

Sí, hechos son amores, así reza el refrán. Pero el amor se alimenta de detalles. Los detalles son como el abono para las plantas. Fortalecen el vínculo, el sentimiento y el amor que sentimos hacia la otra persona. Cada mensaje cariñoso, erótico, sensual, nos arranca una sonrisa. Pensamos y lo relacionamos con que se están acordando de nosotros, que somos importantes en su vida, y que, en ese momento, somos una prioridad. Lo ha dejado todo para mandarnos un mensaje. Estamos presentes en su trabajo, mientras practica deporte, cuando pasea el perro.

Al principio de la relación, y dependiendo de lo romántica que sea la pareja, suelen dejaros corazones dibujados en los espejos, obviamente, con vuestro pintalabios. Y a vosotras, aunque sea de Chanel, os da igual, porque un corazón es amor, y el amor es más poderoso que lo que cueste el labial. Pueden dejaros un caminito de pétalos de rosas desde la puerta de entrada hasta la puerta del baño, prepararos un baño de agua caliente, encender velas, daros un masaje, cocinar algo especial y decorar la mesa para la cena como si estuvierais en el mejor de los restaurantes. Con cada uno de estos detalles están cuidando de vosotros y del amor que sentís el uno por el otro. Y nos sentimos felices cuando alguien nos transmite su sentimiento de esta manera. Sencillamente, nos sentimos queridos y tenidos en cuenta.

¿Qué haces en tu empresa cuando tienes éxito? Analizar por qué y repetirlo, ¿verdad? Oye, qué curioso, en la pareja hacemos todo lo contrario. Todo aquello que nos hizo tener éxito al principio, lo dejamos de lado.

Dejadez en las formas

Dejad de tiraros pedos y de eructar, por favor. Esto no es confianza, es una asquerosidad. Nadie querría besarse con pasión con alguien que se está tirando pedos a tu lado. No tiene nada de divertido. Y no le digáis a vuestra pareja «hay que ver, eh, ¡qué poco sentido del humor tienes!». Porque no solo estáis siendo unos desconsiderados y unos guarrillos, sino que además estáis echándole la culpa a vuestra pareja de vuestras gracias sin gracia.

Cuidar los detalles y las formas es un modo de mostrar consideración hacia el otro. ¿Os tiraríais pedos y eructaríais con un grupo de amigos? Igual con tu grupo de amigotes a modo de broma en una juerga con veinte años, puede que sí. Pero ¿lo haríais durante una cena con otras parejas? Seguro que no. Sería una falta de educación y de respeto. Pues la misma regla la podéis aplicar en vuestra casa. No se trata de observar unas normas estrictas de protocolo como si estuvierais en una convención mundial, sino de cuidar las formas para no comportaros de forma desconsiderada.

En este tema de perder las formas hay que incluir desde tirarse pedos, eructar, hurgarse la nariz como si no hubiera nadie delante, descuidar la mesa, por ejemplo sirviendo directamente el *tupperware* en lugar de volcar el contenido en un bol, no esperar al otro para comer, ser desconsiderado y no mandar un mensaje cuando llegáis tarde y os están esperando, no reconocer algo que han hecho por vosotros, atender las redes sociales cuando compartís momentos en pareja, no ayudar con las bolsas del súper, no abrir una puerta (y no me refiero el hombre a la mujer, sino mutuamente), hasta cualquier detalle que a vuestra pareja le haga sentir mal. Los detalles y las buenas maneras son educación.

Dejadez en la falta de tiempo

Es posible que en algún momento del día estéis muy ocupados o concentrados con algún tema que no podéis desatender. Pero no tener tiempo en general para hablar, para haceros caricias, para estar juntos en el sillón o para pasear de la mano, no es una buena señal.

Una pareja necesita momentos de romanticismo, momentos desenfadados, momentos de ocio, de placer, de estar juntos por estar juntos. Hay un porcentaje muy alto de la población que después del trabajo sigue trabajando en casa. Podéis tener una punta de trabajo que os obligue a seguir conectados a algún tema con el portátil o con el correo. Pero esto es puntual. Si después de vuestro horario laboral seguís trabajando en casa, o bien os habéis equivocado de trabajo, o sois unos *workaholics*, o la importancia y prioridad que dais a vuestra relación es muy baja. La pareja se nutre de momentos en pareja. Y esos momentos no pueden reducirse a compartir un café en el desayuno. Hay parejas que incluso se van solas a la cama todos los días porque la otra parte necesita desconectarse y sigue viendo la televisión hasta las tantas de la noche.

Vuestra pareja necesita tiempo, y tiempo de calidad. Y si a eso le añadís que el fin de semana os sentís tan exhaustos que decidís salir en bici cinco horas para recargar las pilas, ¿qué tiempo disfrutáis juntos? Ver juntos una serie es reconfortante, pero también necesitáis tiempo para hablar. Hay parejas que están tan agotadas al finalizar el día que lo que quieren es huir, evadirse. Pero al huir de vuestro trabajo, de vuestro agobio, también huis de vuestra vida. Una manera de conectar con la pareja es preparar una cena romántica. Y que sea romántica es tan sencillo como cenar los dos solos con una vela y sin niños. Y hablar. Hablar de lo que apetezca, de emociones, de proyectos, de recuerdos del último viaje o de planear y fantasear con las próximas vacaciones.

Necesitáis tener planes de pareja, ocio de pareja, incluso cuando tenéis hijos. Los hijos no pueden ser una barrera entre vosotros. Necesitan toda vuestra atención, pero no en exclusividad. Hay parejas que cuando son padres y madres se entregan tanto a los pequeños que se olvidan de cuidar el amor y seguir teniendo detalles entre ellos. Los niños se convierten en una prioridad, y la pareja deja de serlo. Y poco a poco, sin darse cuenta, se pierde la pasión, la admiración y la complicidad.

Y, hagáis lo que hagáis en pareja, poned toda vuestra atención. Eso que ahora está tan de moda y se llama *mindfulness*. Es decir, estad en el aquí y en el ahora con vuestra pareja. ¿Habéis visto esas escenas de las películas en las que mientras mantienen relaciones sexuales ellas están pensando en qué hacer de comer al día siguiente, distraídas, como si esa relación sexual no fuera con ellas? Pueden aparecer hasta en las comedias. Pero a mí, gracia, no me hace ninguna. Estas escenas son una exageración de lo que trato de transmitiros. No podéis estar hablando en la cena con vuestra pareja y pensando en lo que tenéis pendiente de planchar. Porque entonces no estáis. Todo es mucho más placentero cuando ponemos los cinco sentidos. Mirad a vuestra pareja con ganas, escuchad con atención, disfrutad del momento, saboread lo que está ocurriendo. Veréis qué placer tan inmenso os produce y las ganas que tendréis de repetirlo. Los momentos en pareja son para disfrutarlos y para que nos dejen huella.

Dejadez con los despistes

Cuando algo os importa de verdad, no os olvidáis. Y si sois tan despistados como para olvidaros de aspectos de la pareja que son importantes, como un favor que os han pedido o recordar cumpleaños o aniversarios, por favor llevad una agenda. En la actualidad, la tecnología nos facilita mucho el recuerdo, solo hay que buscar la aplicación correcta y darle valor a su uso.

La dejadez es un mal en la pareja. Es una falta de respeto hacia uno mismo y también hacia el otro. Cuando aparece la dejadez, aparece el declive. No confundáis confianza con dejadez. Nos dejamos por muchos motivos. No tenemos tiempo, los años nos echan kilos encima y no nos sentimos a gusto con nuestro cuerpo, aparecen otras prioridades como los hijos, etcétera. Pero lo cierto es que después de un divorcio, cuando os volvéis a enamorar, a pesar de no tener tiempo, de tener hijos de vuestra ex pareja y de esos kilos de más, surge de nuevo ese interés por estar guapos, por gustar al otro, por esforzaros, por arreglaros y cuidaros. Así que no hay excusas, lo que hay es mucha comodidad. Comodidad, que es la crónica de una muerte anunciada.

Y no se trata de ir por casa todo el día como si fueran a haceros un reportaje para una revista *fashion*. Pero sí de cuidar un mínimo la higiene, la ropa, tener atenciones, muestras de afecto y cariño, detalles con el otro que mantengan viva la llama del amor. ¿O acaso creéis que el fuego se alimenta solo? Si no cuidáis y regáis el amor, este se desvanece y desaparece.

Si vuestra pareja es una persona especial, por favor, hacédselo saber. No siempre se intuye ni se sabe por ciencia infusa.

PARA QUE LOS DOS PODÁIS CUIDAR DE VUESTROS DETALLES

1. *¡Cariño, pero si sabes que te quiero!* Ya, señores y señoras, pero no basta con saberlo. Acuérdate de

tener detalles. Si eres de los despistados, o de esas personas que no le dan valor a esos detalles, plantéate cómo te sientes tú cuando tu pareja los tiene contigo. Aunque sea por provocar ese mismo sentimiento en tu pareja, ponte notas que te recuerden tener detalles.

2. *Apúntate las fechas importantes.* Sí, vuestro aniversario es importante. Y el cumple, incluso el santo, aunque no seas católico ni practicante. No quiere más quien recuerda el aniversario, pero sí emociona más quien lo recuerda. Una fecha es importante si lo es para el otro. Ah, y aunque te digan «yo, es que no creo en San Valentín», no hagas ni caso. Ten un detalle en fechas comerciales señaladas. Es mejor pecar de materialista y consumista que de apatía en la relación.

3. *Interésate por la persona, sin más, así de fácil.* «¿Qué tal tu día?», «¿Estás a gusto en este restaurante?», «¿Cómo se encuentra tu madre, le han dicho ya cuándo la operan?». Son las típicas preguntas que se hacen los amigos. Tú eres su mejor amigo/a.

4. *Haz una* checklist *de todo aquello que practicabas o hacías al principio de la relación y le gustaba a tu pareja.* Una lista de detalles, de cómo te cuidabas, de cómo tratabas a tu pareja... E intenta repetirlo. No empieces con todo de golpe, no sea que sorprendas en exceso a tu pareja.

5. *Comprométete ante él o ella a dejar de hacer aquello que le irrita tanto.* Esto dependerá de la escala de

valores, los gustos, la filosofía de vida de cada uno. «Cariño, prometo no volver a eructar y excusarme diciendo que es señal de salud», «y yo prometo no contarte otra vez con pelos y señales mi dolor de hemorroides». Genial, si elimináis este exceso de información que no aporta nada, tenéis parte del romanticismo ganado.

6. *Utiliza palabras cariñosas para dirigirte al otro.* No lo hagas si te parece una cursilada o si no lo has hecho nunca. Pero es que cuando tenéis hijos, tu pareja pasa de decirte «cielo» o «cariño» a llamarte «mamá». No es lo mismo ser el amor de tu pareja que la madre de sus hijos. En términos de compromiso, ser la madre o el padre de tus hijos es lo máximo. Aun así, la pareja hay que cuidarla y dedicarle tiempo a pesar de la maternidad y de la paternidad.

7. *Haz regalos significativos, no regalos caros.* Para ello necesitas pensar en qué le gusta a la persona o de qué ha hablado últimamente. Todos tenemos una afición, un sueño, algo que nos fascina. Que se note que son regalos que te han hecho pensando en ti. Hacer un regalo de cumpleaños por quedar bien o por cumplir con el expediente no emociona tanto como hacer un regalo fruto del conocimiento del otro. ¿No te has dado cuenta de cómo se curran los regalos las parejas de adolescentes? Fotos, álbumes, diarios, pegatinas, galletas hechas en casa, una cena sorpresa que consiste en un picnic en el parque para ver la lluvia de estrellas, envoltorios preciosos, re-

cuerdos... no tienen dinero, pero tienen ilusión, mucho amor y muchas ganas de complacer a ese amor juvenil que lo impregna todo. Lo más triste es que muchas parejas adultas recuerdan haber sido así años atrás y desconocen por qué dejaron de serlo.

8. *Cuida tu hogar y la decoración.* Unas velas, música, poner la mesa bonita, servir la comida en bandejas. Cuando cuidas tu hogar, creas un ambiente en el que apetece estar y disfrutar en pareja. Creas un lugar de seguridad y confort. Con todos estos detalles estamos mimando y cuidando con amabilidad el momento. Estamos consiguiendo que esa experiencia esté cargada de emociones, y esto facilita también los recuerdos y que esos momentos queden anclados en nuestra memoria.

9. *Haz regalos a destiempo, dale una sorpresa.* ¿Qué haría feliz hoy a mi pareja? ¿Escaparnos al cine, aunque no solamos ir los martes? No tiene por qué ser nada caro. Una planta de hierbabuena es un detalle si os gusta aderezar las ensaladas o tomar un mojito. Cuando no esperas un detalle todavía te hace más ilusión.

10. *Y, por supuesto, agradece cada detalle que tu pareja tenga contigo.* A veces no prestamos atención a una nota, a un mensaje o a esa planta de hierbabuena, sobre todo cuando convivimos con un detallista nato. Nos acostumbramos a que nos cuiden con esmero y que ese comportamiento sea la norma.

Incluso nos saciamos y no lo valoramos hasta que lo perdemos. Dar las gracias permite hacerle saber al otro cuánto valoras su gesto, y ser agradecidos, además, nos centra en los aspectos bonitos de la vida. No dar las gracias es una falta de consideración hacia la persona que es atenta contigo. Y, además, conducirá a que un día el detallista deje de serlo. Entenderá que sus detalles no son valiosos para ti y ya no los tendrá.

4
Los límites en la relación

Para construir relaciones sanas y satisfactorias, debemos tener muy claro dónde están nuestros límites. Es decir, qué es aquello que no estamos dispuestos a negociar bajo ningún concepto.

Lamentablemente, esto es algo que muy pocas veces nos hemos planteado antes de empezar con una nueva historia de amor, y... claro, así nos va.

Cuando hablamos de límites, hablamos de esa línea que jamás debería cruzarse y que, de ser cruzada, es un indicador clarísimo de que ahí no hay nada más que hacer, de que no hay nada más que hablar, de que debemos irnos sin mirar atrás. Sin titubear, sin perder más tiempo ni ceder a cambio nuestra dignidad.

Pero... ¿qué ocurre? Pues que no ponemos límites. Resulta que todos viviremos la experiencia de estar en una relación de pareja a lo largo de nuestra vida, pero nunca nadie nos ha enseñado cómo hacerlo correctamente. Desconocemos por completo lo que es correcto o normal y lo que no lo es ni lo será jamás. Y aunque a algunos les pueda parecer que hay situaciones que son claramente tóxicas y que podemos identificarlas por puro sentido común, en función de cuál sea nuestro bagaje y las experiencias de infancia de las que nos hayamos nutrido, no nos va a resultar tan fácil detectarlas, y mucho menos ponerles límites.

La clave, desde mi punto de vista, siempre está en la primera vez. ¿Qué es lo que hacemos la primera vez que ocurren determinadas situaciones, la primera vez que aparecen determinadas conductas poco apropiadas o dañinas para nosotros? Nuestra forma de actuar en esos momentos marcará el camino por el que avanzaremos en esa relación. Puede ser un camino suave y de crecimiento positivo, que nos hará sentir que fluimos y disfrutamos, o puede ser un camino lleno de espinas, a lo largo del cual nos parecerá que todo nos golpea y que, lejos de crecer, nos va destruyendo cada vez más.

Al no tener claro dónde están nuestros límites y dejar pasar ya desde la primera vez situaciones que deberían ser absolutamente inaceptables, de alguna forma le estamos diciendo a la otra persona «te permito que hagas eso» o «me parece bien que me trates así, que te comportes de esa forma». Por irracional que parezca, eso es lo que hacemos, y, en consecuencia, la otra persona, a quien por supuesto le parece fantástico tratarnos o actuar de esa manera (por eso lo hizo la primera vez), seguirá haciendo lo mismo sin el menor sentimiento de culpa.

Y es importante comprender que no es cuestión de decirle a la otra persona que no debe tratarnos así, que eso no es normal, que eso no es sano, etcétera. Se trata de un tema conductual que nos molesta, sí, por supuesto, pero hay situaciones que no merecen ni entrar en diálogo, y lo que deberíamos hacer, lejos de esperar a que nuestra pareja lo entienda o cambie, es irnos.

El problema está en que, al no identificar como muy grave lo que ha sucedido, no nos vamos. Decidimos dejarlo pasar, le damos permiso al otro para que siga haciéndolo, y cuando el hecho se repite dos o tres veces más, para poder soportarlo, lo que hace nuestro cerebro es quitarle peso. Buscar argumentos para justificarlo y que así no lo veamos tan grave. A eso lo llamamos normalizar. El tema es que si normalizamos situaciones o conductas que no son dañinas, no hay ningún inconveniente, pero si lo hacemos con conductas que son tóxicas para nosotros, aunque en apariencia lo veamos normal, en el plano emocional nos vamos encontrando cada vez peor por dentro.

Puede que decidamos contárselo a alguien en alguna ocasión, pero al ver la reacción de los demás y darnos cuenta de que deberíamos cortar la relación, en muchos casos tomamos de nuevo la dirección equivocada: dejar de explicarlo, y así seguir a su lado y no tener que romper con nuestra pareja.

Lo vemos. Tenemos claros momentos de lucidez en los que sabemos que no deberíamos tolerar aquello o seguir allí, pero no queremos aceptarlo. En el fondo, no queremos perder a esa persona bajo ningún concepto.

La simple idea de perderlo o perderla nos aterra. Nos provoca un pánico terrible que nos vemos incapaces de afrontar.

Sufrimos dependencia emocional y estamos totalmente

enganchados. Es una situación que viven muchas parejas sin ni siquiera saberlo, sin ser conscientes de ello, debido a que han normalizado la situación.

La dependencia emocional

La dependencia emocional es una adicción como cualquier otra (el alcohol, las drogas...). Se crea una dependencia y una necesidad muy fuerte hacia otra persona que puede ser la pareja, pero también un padre, una madre, un amigo, un hermano, etcétera. Puede darse con cualquier persona con la que tengamos un vínculo emocional.

En el caso de la relación de pareja, sentimos que estamos con esa persona no porque nos guste de forma racional y consciente, porque la admiremos y nos haga sentir bien en todos los aspectos, sino porque *la necesitamos*. No estamos con él/ella por una elección consciente y coherente si no por necesidad. Seguimos allí porque nos sentimos incapaces de enfrentarnos a la idea de estar sin ella, de no verla más, de que se acabe para siempre. Aunque sea irracional, aunque esa persona apenas nos aporte nada positivo, aunque incluso todo sea malo. Da igual, queremos estar con ella y punto. No es algo racional sino pura necesidad.

Es importante que comprendamos bien la diferencia entre sufrir dependencia emocional y ser una persona con una personalidad dependiente.

La personalidad dependiente es aquella que va de la

mano de una muy baja autoestima, que nos lleva a sentir mucha inseguridad, incapacidad, debilidad y, en consecuencia, necesidad de alguna otra persona a la que aferrarnos para sentirnos seguros y «a salvo». Pero en función de cómo sea la otra persona, puede que no haya dependencia emocional entre nosotros. Puede haberla, sí, pero también puede que no. Podemos acabar asfixiando a nuestra pareja con nuestra conducta controladora y acaparadora, al no tener vida propia ni ser nada independientes, al estar siempre pendientes del otro. Se trata de personas que, por ejemplo, nunca hacen planes hasta saber si su pareja cuenta con ellas para algo. Si les llama algún amigo para quedar, no van a darles el ok hasta saber si su pareja quiere que hagan algo. Muchas veces, lo que les ocurre es que esperan hasta el último momento, su pareja hace sus propios planes con otros y luego ese amigo ya está ocupado, por lo que se acaban quedando solos y sintiéndose profundamente incomprendidos, idiotas y solos.

Puede que, si esto les sucede a menudo y no saben gestionarlo, hablarlo o negociar con su pareja, los sentimientos hacia alguna de las dos partes empiecen a cambiar al no sentirse satisfechos, y entonces sí que, de no romper, entrarían en dependencia emocional.

¿Cuándo podemos hablar de dependencia emocional? Este tema se analiza en profundidad en el libro *Cuando amar demasiado es depender*,* pero a grandes rasgos la de-

---

* Silvia Congost, *Cuando amar demasiado es depender*, Zenith, Barcelona, 2015.

pendencia emocional es la incapacidad de renunciar o de cortar una relación en aquellos casos en los que es imprescindible que lo hagamos, aquellos casos en los que todos, sin excepción, deberíamos cortar. Vamos a ver cuáles son:

Cuando ya no hay amor

El amor en una relación siempre es recíproco, binario, de ida y vuelta. Si amas y no te aman, dejas de amar. Es así. Y quien diga que no, lo que tiene es obsesión, y eso es muy dañino y destructivo cuando hablamos de una relación de pareja. Puede que el amor no haya estado nunca (que hayamos pasado del enamoramiento a la dependencia al ver que esa persona no nos gusta y, sin embargo, decidir seguir allí), o puede que haya desaparecido primero por parte de uno de los dos, con lo cual, el otro, al dejar de recibir aquello que espera y necesita, también dejará de sentir amor. Debemos comprender, como decía Eric Fromm, que el amor nace de la convivencia, nace del compartir, de un dar y recibir a partes iguales, de tener intereses mutuos, sueños compartidos... En el momento en que eso deja de ser así, el amor se diluye lentamente sin que nada pueda evitarlo, como la arena fina que se nos escapa de entre los dedos.

Cuando es la otra persona la que deja de amarnos, puede que sea clara y honesta con sus sentimientos, nos los transmita y nos informe de que, por ello, quiere romper el vínculo, lo cual, si sufrimos dependencia emocional, nos dejará devastados, y no querremos aceptarlo bajo ningún concepto.

Por supuesto, negarnos a aceptar que la otra persona no nos ama, decidir luchar para que las cosas cambien (es decir, condenar al otro a seguir a nuestro lado a pesar de que, tal como ya nos ha dicho, no lo desea) o suplicarle que no nos deje y que hagamos como si nada de cara a la galería, aunque luego le permitamos hacer lo que quiera, es una opción. Es una decisión que podemos tomar, pero, claro, una actitud así es infantil, inmadura y falta de dignidad por completo. ¿A quién puede gustarle una persona así? Infantil, inmadura y sin dignidad alguna. A nadie, os lo aseguro.

Y que conste que es normal, en primera instancia, que cuando nos vemos cayendo en picado en un proceso de duelo debido a una ruptura que no deseamos, permanezcamos atascados en la negación temporalmente. Es normal, pero hay que salir de ahí cuanto antes y tratar de conservar la dignidad en la medida de lo posible. Si no nos ama, ¿para qué luchar? Si no quiere seguir a nuestro lado, ¿para qué retenerle/la? Eso equivaldría a ser profundamente egoístas y pensar solo en nosotros mismos, en lo que nosotros queremos, y a que nos dé igual lo que ocurra con la otra persona, con sus necesidades, sus deseos, sus sentimientos.

Cuando estamos en una situación así, debemos aceptarlo e irnos.

Y el hecho de que no nos amen también puede darse sin que nos lo digan así de claro. Puede que nos lo estén demostrando por activa y por pasiva con los hechos, con la forma de tratarnos y de comportarse de la otra persona.

Sin priorizarnos, sin pensar en nosotros, sin demostrarnos ese amor, haciendo cosas que saben que nos duelen y nos hacen sufrir, etcétera. También deberíamos ser capaces de identificar esos casos para no invertir más tiempo del necesario en la relación, porque está claro que cuando alguien actúa así, no nos transmite amor alguno y, en consecuencia, tampoco lo despierta en nosotros.

Cuando nos perdemos a nosotros mismos o nuestra autorrealización se ve obstaculizada por estar al lado de esa persona

A veces ocurre que estar al lado de ese hombre o esa mujer nos lleva a ir perdiendo nuestra esencia, a alejarnos de nuestros valores o de aquello que nos hacía sentir vivos, de aquello que hacía que nuestra vida valiera la pena de verdad. Tal vez nos alejamos de nuestros amigos, perdemos el contacto con nuestra familia, ya no sabemos qué ropa ponernos, dejamos de hacer aquellas actividades que tanta vida nos aportaban, dejamos de soñar y planificar actividades, viajes, objetivos que nos conectaban con el placer, la ilusión o la excitación.

Nos vamos volviendo cada vez más grises y oscuros. En definitiva, dejamos de brillar.

Muchas personas me explican algo que en su momento también yo viví: la sensación que experimentas cuando un día te miras al espejo y no te reconoces. Preguntarte: ¿dónde estoy yo? ¿Cómo era yo antes de esta relación? Y ser incapaz de encontrar las respuestas. Sabes que están en ti, sabes que en lo más profundo de tu ser sigues siendo tú, pero te sientes incapaz de encontrarte.

Nunca deberíamos dejar de ser quienes somos. Por nadie. No deberíamos permitir que nadie nos hiciera cambiar, aunque fuese por nuestro bien, si no lo sentimos. Sí que deberíamos analizar nuestra manera de ser y de funcionar, tratar de vernos desde fuera, con cierta perspectiva, ya que esto es lo que nos permite crecer y mejorar. Analizarnos y cuestionarnos a nosotros mismos es algo muy bueno y positivo, pero ese es un proceso que debe hacerse a solas, a través de un viaje interior, actuando con una honestidad sincera y verdadera. Si nos concienciamos de que hay algo en nosotros que no está bien, si nuestra intuición y nuestros valores nos lo demuestran, entonces podemos pedir ayuda o tratar de modificar ciertos aspectos de nuestra forma de ser, pero no deberíamos cambiar simplemente porque alguien que nos ha elegido y ahora quiere que seamos diferentes nos anime a ello.

Y, por último, existe dependencia emocional cuando mantenemos una relación en la que sufrimos maltrato psicológico o físico y aun así no nos vamos

Cuando a pesar de haber maltrato, sentimos que nos sigue compensando seguir allí.

En muchas ocasiones, son casos en los que nos damos cuenta de que la persona ha perdido por completo la noción de dónde se encuentran sus límites. No tiene límites. Es como si ya no hubiera nada lo suficientemente grave como para decir basta. Lo permiten todo. Puede que te expliquen y describan situaciones absolutamente dantescas, pero ante las que se han resignado. Se han rendido. Han decidido que «es lo que hay» y que no pueden hacer nada para cambiarlo. Que es la realidad que les ha tocado vivir y que tienen que aceptarla. Y, claro, aquí debemos pronunciar un rotundo NO, NO, NO. La resignación no tiene NADA QUE VER con la aceptación. NADA. Resignarte es amoldarte a una situación que podría ser de otro modo, pero ante la cual tú decides no hacer nada. Decides no actuar, pudiendo intentar algo para cambiarla. Eso es lo más demoledor que puede hacer un ser humano porque si actúa así, se anula del todo. No queda nada de él, de su dignidad, de sus sueños, de su ilusión, de su vida.

Aceptar, en cambio, es la capacidad de asumir que hay una situación que no depende en absoluto de nosotros, que está en manos de la vida y que no podemos hacer nada para cambiarla o modificarla. Por ejemplo, ante la muerte de alguien, la aparición de una enfermedad, un despido o la decepción que nos causa nuestro mejor amigo. Eso hay que aprender a aceptarlo para poder seguir adelante sin caer en el victimismo ni el martirio, sin torturarnos más de lo necesario. Pero en cambio, cuando estamos con alguien que nos trata mal, SIEMPRE podemos irnos y dejar la relación.

Y soy muy consciente de que hay casos en los que es más difícil que en otros. Situaciones de dependencia económica, de limitaciones físicas, hijos, etcétera. Pero también puedo dar fe de que he visto a personas que no dependían de su pareja para subsistir, y aun así seguían permitiendo el maltrato y no se iban, y también conozco a gente en situaciones excepcionalmente complejas desde el punto de vista logístico y económico que no se ha echado atrás y ha puesto fin a la relación. Cuando uno lo quiere hacer, lo hace. Cuando uno se da cuenta de que los hijos son lo más importante y no quiere darles mal ejemplo con una relación tan tóxica, lo hace. Cuando uno fortalece su autoestima y se empieza a priorizar a sí mismo antes que al otro, lo hace. Cuando uno se da cuenta de que peor ya no puede estar (en vez de autoengañarse y repetirse frases como «si no estoy tan mal») y de que por miedo que le dé un futuro incierto seguro que este será mejor, entonces lo hace. Cuando uno comprende que aquello no es amor, se va. Cuando uno deja de repetirse a sí mismo que sigue ahí porque ama a su pareja, a pesar de recibir insultos, gritos o humillaciones, se va. Y solo cuando uno se va de una relación así, empieza a vivir de verdad.

Se trata, en los tres casos, de relaciones que son tóxicas y que, por ello, deben acabar. Siempre. De todas formas, muchas veces esta idea de «acabar para siempre» nos genera mucho rechazo: ¿cómo que debe acabar? ¿Y no puede arreglarse? ¿No podemos hacer nada? ¿Y si cambiamos? ¿Y si eso ya no sucede más?

Bueno, vamos a ver. Aquí deberíamos matizar varios puntos.

Si necesitáis que la otra persona cambie, ¿por qué habéis elegido una persona así? ¿No tendría más sentido que hubierais elegido esa persona precisamente porque os gusta como es y sois capaces de aceptarla y de dejar que sea así? Y yo sé que, ante esta pregunta, muchos pensaréis: «Ya... yo quiero que cambie, pero lo quiero por su bien, porque le iría mejor ser de otra forma y no se da cuenta...». Y ahí entramos con el disfraz de salvadores, de padres y madres de nuestras parejas, y eso, como podéis imaginar, funciona en muy pocas ocasiones. Creemos, por algún extraño motivo, que estamos en este mundo para «arreglar» o «salvar» a nuestra pareja cuando él/ella, en la mayoría de casos, ni siquiera nos ha pedido ayuda ni nos ha dicho que quiera cambiar nada. La mayoría de las veces le tenemos completamente amargado y puede que incluso ya no nos soporte. Pero ahí seguimos. Hemos incorporado y normalizado una forma de relacionarnos de la que es muy difícil desprendernos.

Cuando os ha tratado de determinada manera, os ha demostrado que lo que siente por vosotros no es amor. Por mucho que grite a los cuatro vientos que os ama. No os ama. Por la sencilla razón de que quien te ama no te daña, ni te hace sufrir, sino justo lo opuesto. Quien te ama te tratará con bondad y compasión. Siempre. Si ve que sufres, procurará aliviar tu dolor y nunca hará nada con lo que crea que puede dañarte. Nunca. Porque el amor no puede ir de la mano del maltrato.

Y sé que muchas personas se confunden porque acaban tratando de conectar con el maltratador/a mediante la compasión. Argumentos como «es que, pobre, ha sufrido mucho de pequeño», «es que no sabes la infancia que tuvo en su casa», «es que de niña vio cómo su madre maltrataba y pegaba a su padre y por eso ella es así conmigo», etcétera. A ver, debemos ser capaces de diferenciar entre comprender por qué la otra persona es como es (y está claro que todos somos como somos por aquello que hemos vivido, lo que nos han enseñado y lo que han hecho con/de nosotros), y el hecho de querer eso para nosotros, el hecho de querer a una persona así para tener una relación de pareja, es decir, compartir el resto de nuestra vida con ella. Creo que podemos comprender que es así por lo que vivió, pero a pesar de ello, decidir que no lo queremos para nosotros. Decidir que nosotros queremos tener una relación que sea sana, que nos permita crecer, construir y ser felices de verdad. Una relación que tenga sentido y que sea un ejemplo del que nos sintamos orgullosos para enseñarles a nuestros hijos.

A continuación, quiero compartir con vosotros un listado de situaciones, para que analicéis si en alguna ocasión vivís o habéis vivido algo así en una relación de pareja. Todas ellas son conductas propias del maltrato psicológico.

El maltrato psicológico es:

- Faltarte al respeto con insultos o diciéndote que eres tonto/a, feo/a, gordo/a, que no sirves para nada o que adónde vas a ir sin él/ella.
- Menospreciarte o ridiculizarte delante de otras personas.
- Hablar mal de ti a los demás, hacer comentarios despectivos.

- Controlarte el dinero y administrártelo, aunque a ti no te parezca bien.
- Hostigarte o molestarte con conductas que son denigrantes o que simplemente no te gustan.
- Gritarte en la calle o en sitios públicos, aunque haya gente a vuestro alrededor.
- Dejar de hablarte durante varios días.
- «Castigarte» a su manera, sin sexo, sin hacerte caso, sin contar contigo para nada, haciéndolo como un castigo, como una forma de que pagues por no haber hecho las cosas como él/ella quería, por «no haberte portado bien».
- Poner a vuestros hijos en tu contra hablándoles mal de ti o haciéndose la víctima ante ellos. Manipularlos y condicionarlos.
- Flirtear con otros hombres/mujeres a tu espalda, y si te das cuenta de algo y lo compartes, hacerte sentir que estás loco/a o paranoico/a.
- Mentir de forma consciente y premeditada.
- Hablar mal de tu familia, de tus amigos y de tus seres queridos.
- Decirte con quién debes/puedes ir y con quién no.
- Criticar todo lo que haces o decides.

5
La comunicación

La comunicación está sobrevalorada, si entendemos por comunicación hablar, hablar y hablar. «Es que nunca hablas conmigo, es que nunca me cuentas nada, es que parece como si hablara con la pared.» Estos comentarios son típicos en una pareja. ¿No os ha ocurrido alguna vez que llegáis muertos del trabajo y vuestra pareja desea contaros el pasado, el presente y el futuro de lo que ha vivido ese día? Uno no siempre está receptivo para escuchar todo lo que desea contarnos el otro. El cansancio, el horario, los propios problemas, tener el foco de atención puesto en otro tema, nos llevan a no estar en disposición de poder escuchar con atención. Definir la idea de comunicación en pareja es difícil, porque no siempre coinciden las mismas necesidades de comunicación entre los dos. Hay personas que necesitan hablar de todo y hablar mucho. Hay personas más calladas, a las que no les gusta compartirlo todo. No es que tengan problemas para relacionarse, es que les gusta el silencio, reservarse sus temas, o no sienten la necesidad de compartir cada momento. Ocurre lo mismo con las redes sociales. Hay personas que necesitan colgar lo que han comido, cómo se han sentido, con quién han hablado, cuál ha sido su éxito del día, y otras, en cambio, solo cuelgan una foto diaria, o ninguna.

En todo caso, las diferentes necesidades de comunicación en pareja hay que tratar de comprenderlas y respetarlas. Si sois de esas personas a las que les encanta hablar durante horas y saltan de un tema de conversación a otro y lo empalman con el siguiente sin perder el turno de palabra, o si buscáis una pareja que os siga el ritmo, o si respetáis el silencio de la otra parte, no os frustréis porque vuestra pareja no tenga las mismas necesidades de hablar que vosotros. Una pareja no siempre puede darnos todo lo que deseamos. Entonces tendríamos a la mujer o al hombre perfectos. Así que no todas las necesidades de una persona tienen que satisfacerse con su pareja. Tengo clarísimo que si deseo apuntarme a bailes de salón deberé buscarme una pareja de baile ajena a mi marido, porque a mi marido no lo llevo a clases de baile ni engañado. Así que, voy a ir pensando a quién pedirle este favor. ☺

La comunicación es la piedra angular de todos los cimientos que sostienen a la pareja. Si os falla la comunicación, os falla todo. La comunicación o, mejor dicho, el entendimiento, permite dar solución a otros problemas. Si no podéis hablar de ello, si no empatizáis con la postura de la otra parte, si no argumentáis la vuestra, si no os expresáis con claridad y en lugar de hacerlo os cerráis en banda, no se podrán resolver otros conflictos. Y los conflictos que se dejan sin resolver, muchas veces se enquistan, pero rara vez se solucionan solos.

La clave no siempre está en hablar mucho. Sino en hablar bien. En esto consiste el entendimiento. Comunicarnos de forma correcta engloba la comunicación verbal —qué decimos— y la comunicación paralingüística y no verbal —cómo lo decimos—. El cómo es muy importante, más que el qué. Porque nuestros gestos, nuestro tono, el volumen o la expresión facial nos delatan. Si le decís a vuestra pareja que sí la estáis escuchando, pero os ve fruncir el ceño al tiempo que leéis un tuit, sabrá que no le estáis prestando atención. Sabrá que estáis más atentos a ese tuit. Ya, le habéis dicho que sí, pero vuestra expresión facial, vuestra postura y vuestros gestos dicen que no. Contradicen vuestro sí. Y tendemos a dar mayor credibilidad a lo que vemos que a lo que oímos.

Comunicarse de forma relajada y empática crea complicidad. La mayoría de los conflictos se vuelven irresolubles por falta de entendimiento y comunicación. Una sana comunicación es la primera vía para ajustar lo que no funciona. Y en caso de que una pareja tenga que tomar la decisión de romper, una comunicación eficaz igual no devuelve el amor, pero sí puede ser el mejor vehículo para mediar en la ruptura y respetarse.

Antes de adentrarnos en los consejos sobre cómo comunicarnos y entendernos mejor, veamos alguno de los errores más frecuentes que cometemos en pareja.

De primero de primaria de comunicación

Atentos a esta escena. Os estáis arreglando en casa para iros de tapitas y de repente ella te pregunta:

> ELLA: Cariño, ¿cómo me quedan estos vaqueros, me ves bien?
> ÉL: Yo te veo genial, muy chulos.
> ELLA: Sí, ya, muy chulos, los vaqueros, pero ¿me hacen gorda?
> ÉL: ¡BOOOOOOOOMMMMMMM!

Te acaba de caer una bomba entre las manos, y como no sepas gestionarla bien, te explotará. Y te quedarás sin esas tapillas que ibais a tomar. Porque, además, querido o querida, por si no lo sabes todavía, la parte con la que casi todas las mujeres se sienten más vulnerables es la del aspecto físico. Así que, ¿y ahora, qué contestas? Sí, te han puesto en un verdadero aprieto. Y da igual los años de convivencia que llevéis, y que ella sepa que la amas con locura. Si te equivocas en la respuesta, la has liado. Tienes tres opciones:

Opción A. Reafirmarte sin salirte un ápice del guion. Esto da seguridad y te hace creíble, hazme caso. Eso sí, ponle un poquito más de énfasis.

> ÉL: De verdad cariño que te veo genial, estás muy bien.

Opción B. Desviar el foco de atención. Hablarle sobre posibles soluciones al problema. Esto es muy masculino, lo de buscar soluciones siempre. Y por supuesto incluye reconocer el problema, «te hacen gorda». Aquí sí que la has liado.

ÉL: Cariño, ni media preocupación, dos semanitas a dieta, y en nada estamos sin esos cinco kilitos que hemos pillado en estos últimos diez años.

Opción C. Ser sincero, ¿acaso en una pareja no hay que ser sincero? Ya te aviso, será tu muerte en vida. Por muy asertivo que seas, si le dices la verdad de lo que piensas, por mucho que la adornes, la has liado. Esta opción requiere mucho entrenamiento previo, si no, no te saldrá natural. La naturalidad en este momento es importantísima.

ÉL: Ese pantalón que tienes más anchito me gusta más cómo te queda.

Lo normal es que, en esta opción, aunque seas el más asertivo del mundo, ella se quede con la interpretación de por qué te gusta más el otro anchito, que no es ni más ni menos que «efectivamente, estos vaqueros que ahora llevo me hacen gorda». Llegado a este punto, ya tienes el conflicto encima. Para qué nos vamos a engañar.

Pues ya te decimos nosotras que contestar la opción A es de primero de primaria de comunicación. Porque en la mayoría de ocasiones, sobre todo en lo tocante al aspecto físico, no buscamos verdades, buscamos apoyo. Apoyo, queridas parejas, apoyo. La verdad duele, baja la autoestima, te hace sentir insegura y, sobre todo, lo peor de todo es que ¡¡¡la conoces!!! Nosotras conocemos esa verdad.

Nos aprietan los vaqueros, no nos suben de la cadera, y eso significa que nos hacen más gordas porque hemos engordado. La verdad la conocemos. Y la comunicación en pareja es para sumar. No suma nada que nos digáis lo que ya sabemos, queridos. Lo que de verdad suma en ese momento es sentirse apoyada. Sí, aunque sea mentira. ¿No os contaron de pequeños lo de las mentirijillas piadosas? ¿Esas que se dicen para evitar un mal mayor que el bien que hace la verdad rotunda, sincera y asertiva? Sí, esas. Mentirijillas piadosas. Ojito. Solo en lo tocante a los vaqueros y los kilos de más. Ni se os ocurra decir otro tipo de mentirijillas piadosas. Porque solo generarían desconfianza en la pareja. Ya, el criterio para saber cuándo vale una mentira piadosa y cuándo no, es complicado. Igual lo desconocemos hasta nosotras. Por ahora la norma es «solo valen mentirijillas piadosas si nos veis más gordas». Para el resto, verdades.

Y os estaréis preguntando: si ya lo sabéis ¿para qué preguntáis? Pues está escrito más arriba, las mujeres buscan más la aprobación que los hombres. Un simple «estás preciosa, bella mía, tira, que te quedan de escándalo» es la mejor respuesta. Salvo que una vaya tan apretada como Sabrina cantando *Boys, boys, boys* en fin de año o haciendo el ridículo de cualquier otra forma. Ese es otro límite para decidir entre verdad o mentirijilla piadosa: hacer el ridículo. Si no se hace el ridículo, por favor, con un «estás genial» nos basta para salvar la situación.

Adivina adivinanza...

El juego de «adivina adivinanza» es un recurso magnífico para cargarte la comunicación en pareja. Se asienta en un valor que, más que valor, yo diría que es un superpoder. Muchas parejas, sobre todo mujeres, creen que porque lleven tiempo saliendo con su pareja o años de convivencia, la otra parte debería adivinar sus necesidades o debería saber qué desea escuchar. Y, lo siento, pero hoy por hoy las personas no tenemos el superpoder de adivinar qué piensa el otro, por muy romántica que nos parezca esta idea. La regla del juego es muy sencilla. Os voy a poner un ejemplo. Si entro por la puerta y vengo de la peluquería, tú deberías darte cuenta de que me he puesto mechas y, por supuesto, decirme que estoy guapísima. Pero ojo, existe una excepción a la regla, sin que yo te avise de que vengo de la peluquería. Y como te retrases el tiempo que considero prudencial para hacerme el comentario, mi enfado irá *in crescendo* de forma proporcional al tiempo que tardes en decirme «cariño, qué guapa te han dejado». Un jueguecito fácil, ¿verdad? Pues, aunque os parezca cómico, para quien lo sufre no tiene ninguna gracia.

Así que, si no queréis tropezar con este escollo, mujeres del universo, invirtamos la regla y, sencillamente, pidamos. Pidamos lo que necesitemos. Pidamos un abrazo, porque vuestra pareja igual no sabe identificar vuestra tristeza en un gesto de vuestra cara, como sí lo sabéis hacer vosotras. Recordad, tenéis más neuronas espejo, estáis entrenadas para ello. Igual él no lo está. Pedid un ratito para hablar los dos, pedid consejo, pedid el elogio que necesitáis. Y de paso, cuando ocurra, dad las gracias y acompañad vuestro agradecimiento con un comentario del tipo «es importante para mí contar con tu opinión», en caso de que lo sea.

Igual vivís con una pareja más independiente, más autosuficiente, más segura, menos empática. Esperamos que los demás reaccionen y se comporten como lo haríamos nosotros, dando las palabras de ánimo o consuelo que daríamos nosotros, apoyando como lo haríamos nosotros; pero somos distintos. Y de la otra parte no surge lo que os surgiría a vosotros. Igual anticiparse y preguntar le roba romanticismo al momento. Pero es mejor robar romanticismo que terminar discutiendo porque la otra parte no se ha dado cuenta de algo que ni siquiera sabía que existía. Pedid.

Pero ojito con la cantidad de cosas que pedís. En función de cómo se pida, vuestra pareja puede que os salte con aquello de «ya me estás mandando». De verdad, qué difícil es esto.

EL EXCESO DE SINCERIDAD

Ya lo dijimos en el capítulo de la dejadez, la confianza da asco. Y en lo tocante a la comunicación, no da asco, pero sí que genera distancia y conflictos. Hay comentarios que, sinceramente, no aportan nada, pero se hacen. ¿Por qué se hacen? Porque en ese momento tenéis rabia, porque creéis que haciéndolos el otro o la otra van a espabilar y a cambiar, porque no sabéis cómo ser más educados o prudentes... por el motivo que sea. Fijaos en este comentario:

> ÉL: Cariño, ¿hay que ir a comer con tu madre este fin de semana? Es que, de verdad, habla más que una urraca, no calla ni debajo del agua. A mí me agota.

Hay una delgadísima línea entre ser sincero y ser maleducado. Porque si alguien te hace este comentario, ¿qué valor de mercado tiene? Cero patatero. Es un comentario desnutrido. No aporta ningún nutriente. No aprendes nada de él. No obtienes ninguna solución. Al contrario, te lo tomas como algo personal y lo que haces enseguida es atacar para defenderte. Te lo tomas como un ataque, hacia ti y hacia tu madre.

Así que, por favor, antes de hacer algún comentario molesto, planteaos solo si va a aportar algo, si va a poder molestar a vuestra pareja —hay veces en que este tipo de cosas se dicen precisamente para eso, porque sabéis que vais a molestar, lo cual tiene su guasa—; o si os gustaría a vosotros escucharlo referido a vuestra madre. Igual me decís que sí, que no os importaría. Pero entonces os pediría que valoraseis el nivel de sensibilidad de vuestra pareja. No siempre es el mismo. Hay personas que aguantan comentarios y de verdad no les molestan, y otras que reaccionan con mayor sensibilidad. Vosotros los conocéis, a él o a ella. Y por eso también conocéis el baremo.

No tener filtro

Observa la escena desde estos dos puntos de vista tan distintos.

Opción A
ÉL: Cariño, ¿este «finde» iremos a comer a casa de tu madre? Lo digo por organizar mi mañana de bici con mis amigos.
ELLA: ¿Tu qué? ¿Tu mañana de bici? Mira que eres egoísta, solo piensas en ti. Siempre tu bici y tus amigos, tu bici y tus amigos. ¿Y a mí, qué? Y a mi madre... que nos den, ¿verdad? ¿Por qué no te llevas a mi madre también a montar en bici?

Opción B
ÉL: Cariño, ¿este «finde» iremos a comer a casa de tu madre? Lo digo por organizar mi mañana de bici con mis amigos.
ELLA: Amor, pues déjame que lo hable con ella, no había nada en firme. La llamo mañana y te digo. Gracias por preguntar. A ver si conseguimos cuadrar los dos planes, ¿te parece?

No es lo mismo, ¿verdad, queridas parejas? No es lo mismo que te «bieninterpreten» y piensen que estás siendo un hombre considerado por preguntar y querer conciliar ambos planes, o que te malinterpreten diciendo que solo piensas en ti y que preguntas por la comida en casa de la suegra con la única intención de organizar tu vida, tus amigos y tu bici. «Bieninterpretar» es una señal de éxito en la pareja. Porque las parejas que se llevan mal tienden a malinterpretarse más, a tener más desacuerdos, ceden menos y carecen de un filtro mental. Tal como les pasa algo por la mente, lo sueltan por la boca. Sin medir las consecuencias. No siempre podemos ser todo lo «sinceros» que nos gustaría, ni podemos hablar sin filtro. Una cosa es ser uno mismo, y otra, ser un maleducado. Si creéis que vuestra manera de expresaros o de relacionaros con vuestra pareja puede ser hiriente o agresiva, entonces igual deberíais tratar de ser más atentos y educados. Hay dos preguntas claves: «¿Esto que voy a decir es doloroso?», y «¿me gustaría a mí escucharlo de boca de mi pareja?». Si la respuesta es sí, sí es doloroso, y no, no me gustaría escucharlo si fuera dirigido a mí, entonces utilizad vuestro filtro.

Antes de hablar sin control, pensad:

1. ¿Vale la pena?, ¿Quiero tener esta batalla?
2. ¿Es el momento adecuado? Igual la otra parte está cansada, o no disponéis de tiempo suficiente porque uno de los dos tiene prisa por salir de casa. Necesitas plantear tu tema cuando la otra persona esté receptiva. Si no, estás quemando tus oportunidades.
3. ¿Mi estado de ánimo me permite expresarme ahora con cariño y respeto hacia la otra parte? Puede que esté muy alterado, frustrado, irascible. Desde ese estado de ánimo no se puede pensar con serenidad ni entablar una conversación que valga la pena.
4. ¿El modo en que estoy formulando mi crítica o mi comentario es amable, educado, respetuoso? Si no

es así, reformula. Trata de darle una vuelta a ver de qué otra manera podríais expresar lo que deseas. A veces dejándolo por escrito se ve todo más claro.
5. ¿Voy a conseguir mi objetivo? Si es un tema en el que has insistido muchas veces y tu pareja te ha dicho que no quiere, que es innegociable o que no es el momento, igual no deberías quemar este cartucho sacando otra vez el tema. Si para ti es muy importante, igual debes tomar una decisión con lo que sea que buscas y que la otra parte parece no poder ofrecerte.

Ser amable, educado, comedido, prudente y discreto en pareja es una gran virtud. Solemos serlo mucho más con nuestros amigos que con los seres que más queremos. ¿Por qué? Porque creemos que el amor de los que nos aman con locura nunca lo vamos a perder y nos relajamos en las formas. Cuando estáis atravesando un período de crisis en pareja, todavía es más sencillo perder las formas. Sed especialmente cuidadosos en estos momentos de tensión, porque no tener filtro no hará más que acentuar vuestro problema.

Aprovecho este punto para insistir en la discreción. Hay temas de pareja que únicamente os atañen a vosotros, que son solo para hablar en pareja. A nadie le interesan los gloriosos atributos que tu marido luce entre sus piernas, ni a tus amigos lo flexible que es tu mujer en la cama y cómo se parece a Nadia Comaneci en este terreno. No solo son incómodos para el miembro de la pareja que los escucha fuera del entorno, sino también para los amigos con los que compartís este tipo de información. Ojo con el exceso de naturalidad y confianza. La intimidad de la pareja es de la pareja, no de vuestra familia ni de vuestros amigos. Los límites los tenéis que marcar vosotros, pero el sexo, la higiene, los problemas personales, etcétera, no son para compartir en general. Y mucho menos vuestros conflictos de pareja. No es muy considerado airear vuestras discrepancias en público. Hay excepciones para todo. Está claro que, si os habéis apuntado a un máster para ser mejores parejas sexuales, el tema del sexo será objeto de conversación. Pero ojo con sacarlo fuera de contexto.

Háblame que no te escucho

Escuchad con interés y con empatía. Cuando escuchamos con atención plena descubrimos matices en la conversación que son imposibles de detectar si atendemos con el cerebro multitarea. La escucha activa supone prestar atención al otro sin interrumpir, manteniendo el contacto visual, dejando que se exprese sin anticiparos a lo que creéis que va a decir, hacerle notar que estáis atentos mediante apoyos verbales como «ah, sí, lo entiendo», asentir y acompañar con la cabeza, tocarle el brazo, tener algún contacto físico que indique una muestra de comprensión si los usos y costumbres culturales lo permiten.

La escucha activa también incluye no negar los sentimientos del otro con frases del tipo «mujer, no llores, si esto al final es una tontería». La persona sabe que es una tontería, pero necesita expresar sus emociones, no la cortéis. Vosotros creéis que al restarle valor a su emoción y tratar de relativizar, la estáis motivando, pero no es así. Lo que ocurre es que confundís a la persona, porque hacéis que dude de lo que siente.

Una mujer interpreta que cuando la escucháis, la estáis teniendo en cuenta y la tomáis en serio. Y esto se relaciona con la percepción que tenemos de nosotras mismas, con la autoestima, con la aprobación de los demás y, por supuesto, con sentirnos valiosas y exitosas. Por favor, caballeros, mantened el contacto visual cuando os digamos algo, dejad el móvil, el periódico, la tele, girad la cabeza y, a ser posible, ¡una sonrisa! Nos sentiremos superagradecidas.

Ridiculizar al otro en público

Esto es lo más de lo más en el juego de cómo cargarse la comunicación en pareja. Con este juego ganáis la partida, fijo. Hablar mal del otro en público o hacer comentarios ridículos es una bomba total. Hay parejas que lo utilizan porque les parece gracioso reírse de los demás. O por pura desconsideración y agresividad verbal. Estos típicos graciosillos que se ríen a costa de los demás —y los demás suele ser la pareja, porque con los amigos no hay tal grado de confianza—, acusan a su pareja de falta de sentido del humor cuando esta se queja de que sus comentarios son hirientes. Cuando uno se ríe de algo y el otro se siente ofendido, no es por falta de sentido del humor. Es falta de consideración y de respeto. Con las bromas tenemos que reírnos todos.

Ojito, que también podéis estar saliendo con una pareja insegura. Las personas inseguras a veces son muy dañinas. Intentan ridiculizar y menospreciar a los que tienen cerca para sentirse superiores. Y esto lo suelen hacer en público, para que la crítica penetre bien. O puede que también sufráis por estar saliendo con una pareja narcisista. Estas personas llaman la atención, quieren ser el centro del cotarro y lo hacen a costa de los demás.

> ÉL (*después de dos gin-tonics*): Cariño, cuenta el episodio del otro día, cuando se te cortó la digestión en la oficina y te dio una diarrea que casi no llegas al baño, cómo te miraba la gente con aquella cara blanca, como de muerta, que se te puso. A mí me hizo muchísima gracia cuando me lo explicaste. No veáis, casi se muere, más de la vergüenza que del malestar.

Pensad que estas intimidades pueden ser muy graciosas en pareja, porque compartís una complicidad fruto de vuestros años juntos o de la confianza que os tenéis, pero con los amigos no es lo mismo. Lo que en casa puede ser divertidísimo, en un grupo de amigos puede resultar muy ridículo. Hay cosas que no deben salir de casa. Igual que guardáis confidencialidad con los secretos de vuestros amigos, lo mismo debéis hacer con los de vuestra pareja.

Los reproches son la tumba del amor

Muchas de las discusiones fracasan porque una de las partes está más pendiente de echar cosas en cara que de tratar de entender la postura del otro. Si cuando tratáis de hablar de temas tensos, solo os dedicáis a tiraros la basura encima, siempre estaréis rodeados de porquería. Es así de fácil. Ninguna pareja sale victoriosa de una discusión si se siente atacada, menospreciada o infravalorada.

Querida mujer, ten especial cuidado en este punto. Recuerda la investigación que afirmaba que nuestro hipocampo es ligeramente mayor que el de ellos. Y que solemos echar mano de las ofensas que nuestra pareja nos ha infligido en el pasado. Les recordamos todos los errores cometidos. Y esto no suma, no aporta nada. Trata de centrarte en lo que está pasando en ese momento, en el tema del que estáis hablando. Y en lugar de lanzar reproches, os proponemos que os escuchéis con interés y, sobre todo, con curiosidad. Pero no una curiosidad irónica, sino con una curiosidad sincera. Puedes contestar algo así:

> ELLA: ¿De verdad que esto te molesta? Lo siento, no lo sabía.

En lugar de:

> ELLA: ¿Te molesta que hable de tu madre con la mía? Pues yo no soporto cuando tú dices que mi madre se mete en todos nuestros asuntos.

Con el primer comentario no atacas, atiendes las necesidades de tu pareja, empatizas y aportas soluciones si lo crees oportuno. Y puedes aportar soluciones porque no has lanzado los reproches y los ataques del segundo ejemplo. Cuando te defiendes de un ataque con otro ataque, los dos salís perdiendo.

Piensa que la persona que te está atacando trata de decirte algo que le molesta, aunque no sea en la forma correcta. Si tú te pones a su altura, no conseguiréis solucionar nada. Siéntate, escucha, pide más información, dale tu opinión y tira tu reproche al cubo de los olvidos. Ahora es su turno. Y una vez aclarado y/o resuelto, puedes pedirle que la próxima vez te plantee el conflicto o el problema de otra manera más amigable, conversacional, serena. Pero en un principio, atiende a las necesidades de tu pareja. Y todo ello dentro del sentido común. Si alguno de los dos inicia una conversación gritando, humillando, insultando o faltando al respeto de alguna manera, esa discusión no puede seguir adelante. Pide tiempo hasta que podáis hablar desde el respeto y la calma. Aunque tu pareja insista en solucionarlo aquí y ahora. Si os acostumbráis a discutir desde el grito y la violencia, lo convertiréis en algo normal y seguiréis repitiéndolo. Marcad vuestras líneas rojas, y para nosotras una de las fundamentales es no levantar la voz, no faltar al respeto, no humillar ni ser violentos con la pareja.

PARA ELLAS Y PARA ELLOS... QUÉ HACER Y QUÉ NO HACER CUANDO OS COMUNICÁIS EN PAREJA

1. *Las palabras no se las lleva el viento.* Tenéis que cuidar mucho lo que os decís y cómo lo decís. Las palabras no se las lleva el viento, al revés, dejan profundas cicatrices. Distintos estudios afirman que las mujeres tenemos más necesidad de sentirnos aprobadas. Y gran parte de esa aprobación la conseguimos cuando la persona con la que hablamos mantiene el contacto visual con nosotras. Y esto ocurre desde la más tierna infancia. Una serie de estudios con niños y niñas de 18 meses demostraron que cuando sus madres les pedían que no tocaran algo, como por ejemplo un objeto encima de una mesa, las niñas buscaban la aprobación constante mirando a las caras de sus madres. Mientras que los niños, guiados seguramente por su conducta exploradora, no buscaban aprobación, solo exponerse a tocar lo prohibido.
2. *Pide permiso para dar consejos; en especial, tú, caballero.* Cuando estamos con alguien a quien queremos, también deseamos ayudar. Rápidamente transformamos su dolor en soluciones que se nos van ocurriendo. Pero la mayoría de las veces las personas no necesitan esas soluciones o no están receptivas en ese momento para escucharlas. Lo que necesitan es apoyo. Un abrazo, cogerles la mano, decirles que comprendes su pena, incluso preguntar si de-

sean que las ayudes en algo. Pero no saltes en plan protector ofreciendo consejos que seguro que tu pareja ya conoce.

3. *Sé empático*. Comprender al otro incluye ponerte en su piel, en lo que puede estar sintiendo, aunque tú creas que a ti eso no te pueda pasar nunca. No necesita que lo espabiles, ni que le digas «¿lo ves?, te lo dije». Necesita que entiendas cómo se está sintiendo, no que le soluciones la vida con tus consejos que ahora ya no puede aplicar. No le abras los ojos, seguro que ya los tiene abiertos. Ábrele más bien tu corazón. En este apartado otra frase prohibida es «no, si ya lo sabía yo». Es mortal escucharla. Te hace sentir completamente estúpido.

4. *Bieninterpreta*. La mayoría de sus olvidos, despistes, no son adrede, ni mucho menos con el ánimo de fastidiar. Pero si los interpretas desde esta perspectiva, tenderás a tratar a tu pareja en función de tu interpretación, no de la realidad. Si preguntáramos más por las intenciones del otro, nos evitaríamos muchísimos enfados.

5. *Trata de tener una comunicación amable, cariñosa y educada con tu pareja... como si hablaras con tus amigos.* Tendemos a perder las formas con la pareja pensando que el amor lo aguanta todo. Pero cada vez que tratamos con desprecio al otro, lo alejamos de nosotros. Un desprecio, una falta de apoyo, sentirte solo e incomprendido, poco a poco nos llevan a decepcionarnos de nuestra pareja. Y la decepción...

ya veréis más tarde lo que significa la decepción en la pareja.

6. *Elogia, agradece, refuerza, impulsa, motiva, alienta*. La palabra es poderosa y puedes ayudar muchísimo a tu pareja a sentirse segura, confiada, capaz, cómplice. ¿Acaso no la amas? Más que a tu vida. ¿No es entonces la persona a la que tienes que potenciar y también ayudar a sacar lo mejor que tiene dentro? Si sabéis utilizar bien la palabra, la comunicación y la complicidad os harán mejores personas dentro de vuestro vínculo. De eso se trata también, de crecer a través del otro.

7. *No juegues a que adivinen tus necesidades*. De entrada, ser responsable de las necesidades y de las emociones del otro ya es de por sí una dura carga para la mochila. Así que trata de ser claro, directo y sincero. Pide. Y pide por favor, con amabilidad, con respeto y sin exigencias.

8. *Respeta los tiempos y los silencios*. Hay personas que necesitan resolver sus problemas en el acto y obligan al otro a mantener una conversación sobre el tema. Pero si el otro necesita tiempo, porque está nervioso, frustrado o irascible, te verás obligando a hablar en un clima que no favorece el entendimiento. Será absurdo. Llegar a un acuerdo, tener una experiencia positiva de una conversación, requiere un clima relajado y un estado emocional apropiado por parte de los dos.

9. *No levantes la voz*. Gritar es una agresión que solo

provoca o la huida o el ataque. Con cada grito pierdes el respeto a la persona y a ti mismo y generas una experiencia muy negativa. Difícilmente alguien querrá volver a mantener una conversación con alguien que puede descontrolarse y hacerle sentir fatal. Aprende a controlarte. La excusa de «me saca de quicio la persona o la situación, es que los nervios me pueden» no vale para justificar la agresividad verbal. Tampoco sigas manteniendo una conversación con quien te está gritando a ti.

10. *No hagas comentarios del tipo «contigo es imposible hablar, mira cómo te pones».* La única respuesta a esa expresión es «pues anda que tú...». Y en ese momento es mejor dejar de hablar. Habréis conseguido que la comunicación sea un ir y venir de reproches.

Es muy desagradable no poder hablar de forma relajada con la pareja. Nos comunicamos muchas veces a lo largo del día, y disponer de estrategias para entendernos hará que sintamos mayor bienestar. Y, recordad, si os falla la comunicación, os falla todo.

6
Los celos y el control

Sin ningún tipo de duda, si os queréis cargar vuestra relación de pareja, las que siguen son verdaderas armas de destrucción masiva. La desconfianza, los celos y el control son ingredientes que siempre estropean la relación, y si alguna vez no la rompen, puedo aseguraros que la intoxican de tal manera que es muy difícil reparar los daños causados.

Pero, aun así, a pesar de ser algo en apariencia tan claro y evidente, ya sabemos que las cosas no siempre son lo que parecen. Hay casos de celos enfermizos y extremadamente dañinos, y hay otros casos que pueden parecerlo pero que son provocados por situaciones que le generarían desconfianza a cualquiera.

Es importante que no perdamos de vista el eje principal de la relación de pareja: debe ser cómoda y fácil. Cuando vivimos una situación que nos aleja de este estado de bienestar junto a la persona con quien compartimos nuestra vida, debemos ser capaces de analizar con perspectiva qué es lo que está ocurriendo realmente. Está claro que habrá momentos de tensión o menos cómodos entre nosotros, momentos en los que tendremos que gestionar algún conflicto y que no serán agradables, pero la clave está en que deberían ser sucesos puntuales y tendríamos que ser capaces de resolverlos con respeto y aceptación. Respetando que la otra persona piense diferente y pueda verlo de otra forma y aceptando su postura, aunque no estemos de acuerdo. Y eso es algo que solo podremos hacer si nuestros valores más importantes siguen intactos y no se cuestionan. Cuando aceptar la postura del otro implica tener que renunciar a uno de nuestros valores, es cuando hay dolor y sufrimiento.

A continuación, veremos con más detenimiento las diferentes situaciones que pueden darse en una relación, a causa de los celos, la desconfianza y el control. Algunas de ellas tienen solución y se pueden reconducir, mientras que otras son muy difíciles de reparar, porque dejan en nosotros unas heridas muy profundas que hacen que nuestros sentimientos cambien y que ya no veamos a la otra persona del mismo modo.

Celos o desconfianza justificada

Muchas personas acuden a la consulta porque quieren superar un supuesto problema de celos. Explican que son muy desconfiadas, que se obsesionan sin sentido con terceras personas y que ven fantasmas por todos lados cuando en realidad no los hay. En ocasiones incluso tienen dudas de si se están volviendo locas.

La cuestión es que al averiguar un poco más sobre la

situación y sobre qué es lo que está provocando esos celos, me doy cuenta de que está conviviendo con alguien descaradamente infiel. Y encima, son personas (las que son infieles) que hacen sentir al otro/a que está paranoico/a y que debe pedir ayuda psiquiátrica (ni siquiera psicológica) con urgencia. Es por eso por lo que la ayuda que nos solicita quien está siendo engañado suele ser para sí mismo, porque acaba creyendo que el problema lo tiene él/ella. Está con alguien que es muy manipulador, además de muy mentiroso y sin escrúpulos, alguien que no le ama y que tampoco le respeta lo más mínimo. Solo alguien así sería capaz de tergiversar la realidad de esa forma, haciendo dudar al otro incluso de su propio equilibrio mental. En fin, de juzgado de guardia. El mundo al revés. Pero lo cierto es que es tan triste como real, y debemos asumirlo.

No hace falta decir que cuando descubrimos que nuestra pareja nos ha estado engañando adrede, y que, viendo nuestro sufrimiento al descubrir que había algo que no encajaba, no solamente no ha hecho nada para aliviarlo, sino que encima ha tratado de hacernos creer que estábamos locos/as nosotros, debemos irnos de esa relación. Siempre. ¿Por qué? Porque esa persona, evidentemente, no nos quiere. Porque de habernos querido, aunque solo fuera un poquito, no habría podido soportar vernos sufrir, vernos pasarlo mal y se habría desmoronado ante nosotros y nos lo habría confesado todo. Eso es lo que hace alguien que nos ama. Si en vez de eso estamos ante alguien que tiene la sangre fría de seguir mintiéndonos, tratarnos de locos y encima dormir por las noches a pierna suelta, estamos ante un/a psicópata. Es decir, ante una persona que no empatiza en absoluto con el dolor ajeno y a quien nuestro sufrimiento no le afecta lo más mínimo. Con alguien así, jamás nos sentiremos amados de verdad; por lo tanto, no tiene ningún sentido seguir en esa relación.

En una ocasión, una paciente acudió a la consulta porque su marido le decía que era muy celosa, que estaba obsesionada con una compañera de trabajo del hombre.

Al indagar un poco más sobre la situación, bastó una sesión para ver que había algo extraño en su relación. Él era muy tímido, introvertido, poco sociable y con una falta absoluta de iniciativa, mientras que ella era alegre, sociable, extrovertida y lo organizaba todo. Tenían cuatro hijos en común de los que, evidentemente, se encargaba ella. Trabajaban los dos, y ella, además, se encargaba de la casa y los niños. Explicaba que nunca habían discutido, que nunca se habían enfadado y que lo único que a ella a veces le extrañaba, aunque ya lo había normalizado, es que él apenas tuviera deseo sexual.

Había visto alguna conducta extraña con una compañera de trabajo, pero como era un hombre tan apático y lineal, como expresaba tan poco, ella no acababa de verlo claro. Él lo desmentía todo y ella, al final, se lo creía. Pero aun así, esas «conductas extrañas» no podían pasarse por alto. Por ejemplo, lo primero que hizo él al nacer cada uno de sus hijos fue llamar a esa mujer; cuando volvían de un viaje, nada más aterrizar la telefoneaba; cuando estaba en casa, chateaba con ella, etcétera.

Al cabo de un par de sesiones, al plantearle a la paciente si se le había pasado por la cabeza que tal vez todo lo que ella veía raro era porque realmente era raro, y que quizá no tuviera nada de loca, sino que todo lo que veía, lo veía porque estaba ahí, ella se sorprendió. Según mi parecer había más de cierto en su intuición que en las palabras de él, y entonces a ella, a los dos días, le dio por seguirle.

Se cruzó con él casualmente en una carretera, y algo la empujó a dar media vuelta con el coche y a seguirle de lejos. Con el corazón en la boca y casi temblando, le siguió hasta que aparcó delante del apartamento de la compañera de trabajo y se metió en su casa. Al cabo de una hora y media salió y vio cómo se besaban y se despedían en la puerta.

Fue muy fuerte y desgarrador, pero allí, en aquel instante, ella se liberó para siempre de las cadenas que la mantenían presa en su relación. Necesitaba ver con sus propios ojos lo que le decía su intuición y dejar de autoengañarse.

En ocasiones preferimos el autoengaño a la realidad, porque duele menos una mentira piadosa que la brutalidad de un hecho imborrable. Pero a la larga, lo único que nos sana es aceptar lo que hay, aunque no nos guste en absoluto.

Celos o desconfianza enfermizos e injustificados

Otra situación, tal vez la más frecuente, es cuando estamos al lado de alguien que tiene celos enfermizos, es decir, que ve el peligro o la amenaza de un engaño por todos lados, con cualquier persona.

Cuando hablamos de este tipo de celos, no hablamos de personas inseguras y con una falta de autoestima que les lleva a tener un miedo consciente de perder a su pareja. Estos casos también existen, sufren por simple inseguridad y eso es relativamente fácil de tratar y de modificar.

Estoy hablando más bien de esos celos que son patológicos y que inducen a la persona que los sufre a un tipo de conductas mucho más graves.

Vamos a ver, a continuación, algunas de las conductas más frecuentes en estos casos que, por cierto, se dan mucho más en hombres que en mujeres (y con esto no quiero decir que los celos enfermizos no se den también en las mujeres):

- Te obligan a vestir de una determinada manera, no puedes ir con escotes, ni ponerte faldas por encima de la rodilla ni nada que sea ajustado. En este caso, la mujer, para evitar discusiones y peleas (o en casos más graves, golpes), acaba obedeciendo.
- Cuando sales a la calle, pueden llegar a gritarte acusándote de haber mirado a cualquier hombre que se haya cruzado contigo (al que probablemente ni has visto), pidiéndote explicaciones de por qué te le has insinuado, de por qué vas provocando así. Cualquier respuesta que elijas en esos momentos será inútil y no servirá de nada para calmar su locura transitoria y su estado de enajenación. Está convencido de su realidad, aunque esta solo esté en su cabeza.

  Incluso yendo dentro del coche pueden pregun-

tarte por qué estás mirando a determinadas personas que pasan por la calle. Es algo del todo irracional y, evidentemente, un auténtico suplicio para quien tiene que soportarlo.
- Cuando quedas con alguien, ya sean amistades, familia, compañeros de trabajo, etcétera, siempre acaba habiendo disputas o graves broncas porque en su cabeza está convencido de que detrás de cada uno de tus movimientos siempre hay una intención de engaño o de infidelidad.
- Incluso, y esto sí que lo he visto más en mujeres que en hombres, puede que tengan celos de la propia familia de su pareja, que no les guste que vaya a ver a su madre o que quede con familiares de vez en cuando. Que cuando vaya, controlen cuánto tiempo pasan juntos y siempre quieran acompañarle. Que hablen mal de ellos, que los critique, malmetiendo y tratando de convencerle de que son como dice. Puede que esto te induzca a acabar llevándote mal con ellos o, en los peores casos, a alejarte. Hay parejas que finalmente logran distanciarnos de nuestras familias, y eso es muy doloroso para todos. También lo hacemos por no discutir, pero lo peor es que acabamos creyendo e incluso verbalizando sus mismas palabras ante nuestros familiares para justificar nuestro distanciamiento.
- Asimismo, puede que empiece a malmeter contra tus amigos o amigas, a hablar mal de ellos: que si son unos perdidos, que si son unas busconas, que para qué quedas con ellos/as, que a saber lo que buscáis,

cuál es vuestro objetivo... Son casos en los que si uno quiere seguir quedando con ellos tiene que mentir, y si la mentira se descubre, ya puedes imaginarte el percal. Ahí entramos en los castigos y, claro... Cuando hay castigos, evidentemente NO HAY AMOR. El amor, en estos casos se ha ido hace tiempo y hemos entrado en una dinámica totalmente tóxica.
— Se enfada, y tenéis unas broncas descomunales cuando quieres ir a una cena de empresa o a algún evento con amigos, socios, compañeros de trabajo, primos, etcétera. El único modo de ahorrarte el altercado es llevándotelo siempre contigo.

El control

De la mano de los celos, están también las conductas propias de personas controladoras que quieren saber en todo momento cada uno de nuestros movimientos. Con quién vamos, a qué hora acabamos, dónde estamos y de qué hablamos. Todo. Nos controlan el contenido del móvil, nuestro correo electrónico, las llamadas que recibimos, los WhatsApp, e incluso activan el localizador de nuestro teléfono para tenernos aún más controlados en todo momento.

Hay casos en los que incluso nos hacen cambiar la contraseña de nuestras redes sociales para poder entrar y saber todo lo que quieran. Y lo hacen a las claras, ni siquiera se esconden. O nos exigen poner el manos libres cada vez que hacemos o recibimos una llamada. Y lo permitimos. ¿Por qué? Generalmente es para no discutir, y porque esas personas tan controladoras también tienen una capacidad de manipulación abrumadora. Nos manipulan con argumentos que incluso acaban pareciéndonos bien, por irracionales, graves e injustificados que podamos verlos desde fuera.

Quienes tienen una relación de pareja con alguien que actúa de este modo viven un auténtico infierno del que deberían plantearse salir y liberarse. Con todo, vamos a tratar de entender qué es lo que les ocurre y por qué hay personas que acaban comportándose de esa forma.

¿Por qué actúan así? Son varios los motivos que nos pueden llevar a incluir en nuestro repertorio de conductas ese tipo de actuaciones (baja autoestima, referentes tóxicos, experiencias traumáticas o celotipia). Vamos a analizarlos.

La baja autoestima

La baja autoestima causa muchos de los problemas de celos y de desconfianza. Cuando una persona se siente imperfecta, se siente poco importante o poco valiosa, tiende a compararse con los demás, a los que siempre considera mejores. Y si ve que hay otras personas claramente mejores, es fácil que sienta miedo de que su pareja las prefiera antes que a él o a ella.

Hay una inseguridad de fondo que hace tambalearse el estado de su relación, por lo menos dentro de su cabeza, y empieza a ver peligros por todas partes.

He visto a muchas mujeres muy celosas de cualquier compañera de trabajo con la que su pareja tiene una cierta confianza, se lleva bien o simplemente existe cercanía y complicidad. Si le escribe un mensaje, están seguras de que es porque quiere algo con él, si van a tomar un café después de una reunión muy agotadora, es porque tiene que haber un interés oculto, ya que, de no ser así, no irían. Puede que incluso les pase con amigas que su pareja tenía antes de que ellos iniciaran la relación. En fin, todo son amenazas.

Muchas de estas mujeres u hombres son conscientes de la irracionalidad de su conducta, se dan cuenta de que, si lo analizan con un poco de distancia y lo razonan, lo que hacen y lo que les pasa no tiene ningún sentido; de que su pareja las trata bien y les demuestra confianza en todo momento. De que se trata de una persona respetuosa y amable, y sufren al ver que no pueden controlar sus reacciones fuera de lugar. A su vez, la pareja también sufre. Son casos en los que el hecho de que uno se dé cuenta por sí mismo, ayuda bastante y hace que el pronóstico sea alentador y positivo. Cuando uno lo ve, es cuando se asusta, cuando decide que no quiere ser así y se propone hacer lo que sea para cambiar su forma de actuar y de comportarse. Si piden ayuda, se les puede ayudar, y suelen mejorar en gran medida.

Por lo general, se les ayuda implicándolos en un proceso de crecimiento para fortalecer su autoestima. Acostumbran a ser personas que han tenido una falta de reconocimiento, y puede que también de afecto, durante la infancia, por lo que también demandan esos ingredientes de forma constante, y todo aquello que perciben como un alejamiento causado por la interferencia de un tercero les pone en alerta.

Nuestra autoestima se construye durante la infancia. El niño va construyendo una autoimagen y un autoconcepto a partir de los mensajes que recibe por parte de sus padres, maestros y cuidadores. Sin duda, la figura más importante es la de los padres. Cuando el niño actúa y se desenvuelve en cada situación, siempre tiene su mirada puesta en cómo reaccionan sus padres. Qué le dicen, cómo le miran, cómo reaccionan o qué comentan al respecto será determinante. Si hablan de él con orgullo, el niño gana seguridad. Si lo hacen con desánimo, resignación o como si fuera un caso perdido con el que ya no saben qué hacer, el niño también lo incorpora como si fuera una verdad absoluta. Sean cuales sean los comentarios o reacciones de los padres, el niño no los cuestiona. Los acepta sin más. Son sus padres, son sus dioses, y lo que ellos digan es incuestionable. Simplemente es así.

A lo largo de los años, todos hemos incorporado muchas creencias sobre nosotros mismos que asumimos como si fueran ciertas y que, por ende, interfieren en nuestra manera de relacionarnos con los demás y de comportarnos en nuestro día a día. Tener una autoestima alta o baja, marcará en nosotros una experiencia de vida radicalmente diferente, nos va a condicionar mucho. Algunas de las consecuencias más negativas de no tener una buena autoestima, pueden ser: dejar pasar oportunidades en el ámbito laboral que podrían ser muy beneficiosas, permitir que nuestros amigos o familiares abusen de nosotros al no atrevernos a decir «no» por miedo al conflicto, al enfado o al abandono, conformarnos con la primera persona que se fije en nosotros por miedo a quedarnos solos, o, por supuesto, los celos. Ver peligros por todos lados y sentir pánico a que otro/a se lleve a nuestra pareja.

Deberíamos tratar de recordar más a menudo que nuestra pareja es libre. Aunque estemos casados, aunque hayamos firmado un contrato, un compromiso o un juramento, lo que sea, es libre, y siempre lo será. Si quiere engañarnos, nos engañará, esté casada o no lo esté.

Está claro que existe el compromiso que uno asume, pero eso ya va con sus valores. He visto a muchas personas que teóricamente se habían comprometido y que, a la hora de la verdad, han perdido de vista su compromiso por completo. No les ha importado lo más mínimo.

Para comprometerse con alguien no hace falta casarse ni firmar nada. Se trata de elegir a alguien con capacidad para ello. Y, aun así, debemos seguir recordando que todos somos libres. Que la otra persona nos puede dejar de amar y que puede preferir a alguien distinto con quien seguir su camino.

Si tuviéramos esto más presente, viviríamos las relaciones con más tranquilidad, sabiendo que si hoy está a nuestro lado es porque lo decide, ya que, al ser libre, podría irse. Si no se va, es porque quiere estar ahí. Y si un día decide marcharse, tendríamos que ser los primeros en abrirle la puerta, porque no debería interesarnos alguien que, en realidad, no quiere estar con nosotros.

Pero lo cierto es que, aunque parezca mentira, en numerosas ocasiones preferimos a alguien amargado a nuestro lado pero que no se vaya, antes que soltarle y que pueda ser feliz. Quizás nuestros miedos nos llevan a un egoísmo un poco extremo, ¿no?

Los referentes tóxicos

Otro motivo, también frecuente, por el que alguien acaba comportándose de este modo, es haber crecido en una familia con conductas similares por parte de sus padres.

Nuestra infancia es la época en la que más información incorporamos. Nuestro cerebro está en modo REC de manera constante y nuestra mirada está fijada principalmente en nuestros padres. Ellos son nuestros referentes absolutos, los modelos a los que deseamos parecernos y a quienes tratamos de imitar con toda nuestra voluntad. Ponemos en ello nuestro mayor interés. Y no importa si esas conductas que vemos en ellos son buenas o malas, no importa si son positivas o negativas, si son sanas o perjudiciales. Las copiamos de todas formas. Si son propias de nuestros padres, es suficiente para registrarlas como válidas y correctas.

Imaginaos a un niño que está sentado en el sofá mirando dibujos y tiene al lado a sus padres discutiendo. Ve a su padre gritándole a su madre, pidiéndole explicaciones sobre con quién ha ido o quién la ha llamado. Y ve a su madre llorando, rogándole que no grite, que ella no ha hecho nada malo, que era su hermana, etcétera. Ahora imaginaos que ese niño ve a su madre registrando nerviosa la ropa del padre, oliéndola, buscando su móvil y leyendo sus mensa-

jes privados, o preguntándole si ya ha quedado con la ....
de su secretaria (a la que no soporta, y a la que *sin duda* él
ya se ha tirado), etcétera.

Son conductas fuera de lugar que el niño analiza, registra y retiene como correctas. Para el niño, sus padres son amor, por lo que cualquier cosa que vea entre ellos y de ellos la entiende como amor. No se lo cuestiona. Lo registra como algo normal, como algo que es como debe ser.

Por este motivo, al tenerlo registrado en su repertorio de conductas aceptadas en una relación de pareja, el recuerdo se activará cuando sea él quien tenga una relación. Ocurre de manera automática, sin pensarlo ni buscarlo, simplemente se activa ante una situación que le hace rememorar lo que las activaba en su entorno familiar cuando sucedía algo parecido.

Es como si el cerebro dijera: *A ver... espera... eso que está ocurriendo es igual que lo que sucedía en casa con mis padres... ok, sí, pues entonces hay que actuar tal como ellos actuaban, eso es lo correcto. ¡Conducta activada!*

Al tratarse de conductas aprendidas en la infancia, estas pueden ser modificadas siempre que uno:

1. Sea plenamente consciente de su existencia y las vea por sí mismo.
2. Sienta que son conductas tóxicas para él/ella y para su pareja.
3. Sienta un verdadero deseo de lograr esos cambios y dejar de reproducir esas conductas.
4. Haga todo cuanto esté en su mano y pida algún tipo

de ayuda para obtener herramientas que le permitan lograrlo.

Son cuatro pasos que deben darse siempre para conseguir cualquier cambio de conducta duradero y/o permanente en el ser humano.

Todo lo que sea tratar de convencerle, tratar de hacerle ver, tratar de que comprenda que así no va bien, que eso no es bueno, etcétera, sin que salga de uno mismo, a la larga (y a la corta también) está comprobadísimo que en la mayoría de casos no sirve de nada.

Las experiencias traumáticas

Hay otro grupo de personas que de algún modo también incurren en este tipo de conductas, por haber convivido en el pasado con parejas que las han hecho sufrir mucho con sus engaños, mentiras, infidelidades y manipulaciones. Les han causado heridas tan profundas que arrastran consigo las secuelas de la desconfianza enfermiza o de unos celos descontrolados. Ven fantasmas donde no los hay, perciben amenazas constantes que rompen por completo su armonía y, por ende, se acaban cargando su relación de pareja.

Por lo general, las personas que vienen de una mala experiencia manifiestan un cierto grado de inseguridad que está totalmente justificado. Se muestran más bien recelosas y parecen desconfiar de todo el mundo. Pueden llegar a verbalizar que no quieren tener otra relación, que todos los hombres o todas las mujeres son iguales y otros mensajes por el estilo. Pero el amor, aunque uno no lo espere o no lo busque (o incluso no lo quiera) casi siempre acaba por llegar.

En casos como estos, si encontramos a la persona adecuada, esa que sabe estar ahí y apartarse en la medida justa, que sabe brindarnos ese respeto que tanto necesitamos, irá calando poco a poco en nuestro corazón hasta que volvamos a abrirlo de par en par y podamos disfrutar de un amor sano.

Eso de cerrarnos al amor por haber tenido una mala experiencia es bastante absurdo, porque el amor, si tiene que venir, vendrá. A veces no estamos preparados, pero otras sí, y en este caso, aunque queramos resistirnos, no podremos. Y si nos empeñamos, lo pasaremos peor que si nos dejáramos llevar.

Lo importante, y a lo que deberíamos prestar más atención, es a tratar de aprender de esas experiencias pasadas que han sido dañinas para que podamos identificar cualquier señal en el futuro que nos indique que se avecina algo parecido, para que podamos poner límites firmes cuando sea necesario y apartarnos a tiempo, manteniendo intacta nuestra dignidad.

La celotipia

Por último, están los casos que presentan una alteración psicológica. Estas personas ven la realidad de forma distorsionada y sufren el trastorno de los celos patológicos.

Debo reconocer que he visto tantas mujeres como hombres con esas conductas.

Se trata de personas que, debido al desorden psicológico que padecen, son extremadamente posesivas, y por lo general presentan un perfil de maltratadoras. Acostumbran a gritar mucho (más que gritar, chillan). He escuchado grabaciones que me han dejado algunos hombres, que realmente ponen los pelos de punta y que son dignas de una película de terror. Y como siempre digo, lo peor de todo es cuando tenemos hijos con esa persona. Que ellos hayan de presenciar según qué situaciones debe ponernos en alerta máxima. Lejos de sufrir por la idea de una posible separación que los lleve a pasarlo mal, debemos pensar en que están registrando cada una de esas conductas.

Somos plenamente conscientes de lo difícil que es para un hombre, igual que para una mujer, salir de una relación de este tipo en la que se están dando tales conductas enfermizas y desquiciantes. Pero hay una gran noticia, y es que, si lo deseamos y estamos dispuestos a poner todo nuestro empeño, todos somos capaces de conseguirlo.

Y lo mejor de todo ¿sabéis qué es? Que la recompensa es el regalo más maravilloso que podamos imaginar. La liberación, recuperarnos a nosotros mismos, volver a nuestra esencia, a la paz, a la armonía, a SER.

Esto siempre compensa y justifica enfrentarnos al miedo que nos produce la idea de una separación.

7
La responsabilidad de la casa y de los hijos

La mayoría de parejas no se ponen de acuerdo en este punto. Sinceramente, la RAE podría ponernos las cosas un poco más fáciles. Fijaos en cómo define la palabra *orden*: «Colocación de las cosas en el lugar que le corresponden». ¿Y ya está? Pues parece que sí, ¡y se quedan tan frescos! En una casa, el lugar que le corresponde a las cosas puede ser muy variado. Para el hijo, el lugar que le corresponde a la ropa limpia es el cuarto de la plancha, y ya irá ella sola hasta su armario. Para el marido, el lugar que les corresponde a las llaves es siempre el mismo. Él es metódico y ordenado. Y para ti, las llaves pueden tener su lugar en la mesa de la cocina, en la mesa del despacho o incluso en la propia puerta... por fuera. Sí, a los despistados nos pasa eso, nos dejamos las llaves puestas por fuera en la puerta.

Si la RAE pensara un poco más en el bienestar de la pareja, en la calidad de las relaciones y en la conciliación, daría esta definición de la palabra: «Orden es colocar la ropa planchada en el armario, a ser posible en un plazo de una hora desde que se termina de planchar». ¡La de discusiones que nos evitaríamos! O también: «Orden es colocar las llaves donde a uno le venga bien, dependiendo del día y del momento». Y así mi marido no me llamaría desordenada. ¡Qué complicado es todo!

A las mujeres nos tachan de inflexibles, exigentes, ordenadas, organizadoras. Pero ¡cómo no vamos a ser todo eso y más! Qué difícil es cumplir con las exigencias propias y ajenas. Es cierto que el nivel de exigencia de una *superwoman* se mide más por el nivel de perfección con que nos gusta andar por la vida, que por el que nos impone el entorno. La mujer todoterreno quiere ser fuerte, capaz, independiente, emocional y económicamente hablando, sentirse segura, libre y decidida. La mujer ha experimentado un tremendo cambio de visión, de pensamiento y de funciones desde hace tres décadas aproximadamente. Su incorporación al mercado laboral ha supuesto el derrumbe de todo lo que ella abarcaba en el hogar. Ahora lo quiere todo y lucha, se esfuerza y trabaja para ello. Ha tenido la necesidad de compaginar casa, vida personal, familiar y trabajo, de tomar carrerilla y utilizar medidas de discriminación positiva para poder acceder y optar a los mismos puestos, responsabilidades y salarios que los hombres. Ella sabe por lo que lucha y para qué lo hace. La mujer hoy en día quiere hacer yoga, pilates, cuidarse físicamente, estar al día de la tecnología, tener tiempo para ella, para los niños y un tiempo para la pareja, ser sexualmente activa, cuidar la alimentación siendo vegetariana, vegana, flexivegana, flexivegetariana, y si no, seguir a Carlos Ríos, que tiene soluciones para todo, desarrollarse en el ámbito profesional, disfrutar de los momentos de la vida (esto es obligado, lo dicen las redes sociales), ser positiva, optimista, resiliente, empoderada... ¡Leñe, que la vida no da para más! Y menos mal que ahora está mal visto lo de tomar un donut al día, un bifidus, un Actimel con L-casei, un zumo de naranja natural por las vitaminas, porque está cargado de azúcar... solo nos queda la reliquia de lo de las cinco piezas de fruta. Ah, y luego nos llaman mandonas. Aún lo somos poco para todo lo que llevamos encima. *God save the queen!!!*

Pero, ojo, hay hombres que son, como diría una suegra andaluza, primorosos. Hombres maravillosos que se involucran por completo con la responsabilidad de su paternidad y del hogar. Señoras, si encontráis a un hombre primoroso, casaos con él. Aunque no sea el amor de vuestras vidas. Total, en cuanto el amor de vuestras vidas cumpla a rajatabla los puntos de la dejadez del capítulo tres y vaya por la casa con los gayumbos agujereados y sin camisa, también dejará de serlo. Fuera bromas, ¿cuántos hombres primorosos hay? Muchísimos. Y muchísimos más que desean serlo, pero no saben cómo. En este punto, queridas, hay que echarles un cable para ayudarles a involucrarse. Y ahora estaréis pensando «pero ¡qué más cables voy a echarle, si le hago hasta la lista del Mercadona!». Pues ese es el problema, que hay muchas mujeres que dicen haberlo intentado todo, pero no se trata de eso. Si aprendiéramos a pedir las cosas con elegancia, con cariño y sin reproches, a las parejas nos iría mejor.

La mayoría de las veces estamos deseando que adivinen qué hay que hacer en casa. Les damos un tiempo, a ver si reaccionan. Un tiempo que ellos desconocen, porque eres tú la que por dentro está pensando «a ver cuándo se da cuenta de que la lavadora hay que tenderla», y cuando él no se ha percatado de que hay que tender la lavadora en el tiempo que tú tenías estimado en tu mente como correcto, saltas y exclamas «todo lo tengo que hacer yo en esta casa, pues la casa es de todos, la lavadora lleva media hora parada y a nadie se le ocurre ir a colgar la ropa, ¿qué, lo dejáis para mí?». ¿Así es como intentas que se involucre? No te voy a decir que no, pero solo te pido que me lo mejores.

Ya sabemos que no tendríamos que ir detrás pidiendo que colaboraran, ni de manera amable ni de ninguna otra, sino que tendría que ser algo que saliera de forma voluntaria, espontánea, responsable y autónoma de ellos, o de ellas en algunas situaciones, pero por ahora en muchos hogares no es así. Y aquí no hay explicación biológica que justifique nada. Es educación pura y dura. Y, sin darnos cuenta, seguimos repitiendo conductas y estilos educativos basados en el machismo y en el micromachismo, que no sé cuánto tiempo tardarán en erradicarse, pero que entre todos seguro que lo vamos a conseguir.

Y al margen de los roles sociales en los que nos hemos educado, la toxicidad masculina también hace mucho daño. Se trata de un tipo de machismo que les perjudica más a ellos que a nosotras. Ellos mismos dicen sentirse ofendidos y perjudicados por esta masculinidad tóxica. Sin ir más lejos, en un tuit de *Pacific Standard* podemos leer: «Algunos hombres evitan el comportamiento "verde", como usar una bolsa de la compra reutilizable en el supermercado, porque no quieren ser percibidos como gays». Aunque nos parezca mentira, todavía hay hombres que hacen estas absurdas asociaciones, que siguen teniendo pudor de expresar sus emociones porque lo consideran una debilidad, o se cohíben a la hora de hablar abiertamente de cómo se involucran con sus hijos y el hogar, porque incluso en su propia casa son criticados por sus madres y sus padres. Y encontrar a un hombre que haya renunciado a su carrera profesional para que sea su mujer la que se proyecte, todavía sigue siendo como buscar un trébol de cuatro horas.

No se trata de que nadie tenga que renunciar a nada, pero sí de que entre todos podamos tener un hogar justo, equitativo, en el que se pueda educar a unos hijos basándose en los derechos de hombres y mujeres, y en igualdad completa.

Tanto hemos necesitado pensar en nosotras, inventarnos, esculpirnos, formarnos, ganar autonomía, que en parte hemos olvidado o descuidado cómo estos cambios les podían afectar a ellos. Hemos llevado a cabo una transformación exponencial, cuesta arriba, complicada, basada en el esfuerzo, a la que muchos hombres no han tenido tiempo de adaptarse. Y no se trata de pedirles permiso para cambiar, ni mucho menos. Solo se trata de no dejarles de lado para que puedan integrarse en nuestra evolución, complementarnos los unos a los otros, potenciarnos mutuamente, que nos entiendan y comprender y empatizar también con el modo en que ellos están viviendo nuestro cambio. No estamos solas, vivimos en pareja. No queremos depender, pero sí compartir y caminar uno al lado del otro. Hoy en día, los hombres andan un poco desconcertados. Llevan años viviendo una etapa de transición en la que han tenido parejas que les han seguido haciendo todo lo concerniente al hogar, y otras que les han pedido que participen por igual en las tareas comunes. Han tenido parejas que les han insultado —«eres un machista»— porque les has dejado pasar primero y les han abierto la puerta, mientras que otras parejas se han ofendido si no lo han hecho. No es por defender a nadie, pero si fuéramos todos más empáticos, las cosas nos irían mejor. A la consulta acuden muchos hombres que se sienten muy inseguros en lo tocante a tratar a las mujeres. No saben cómo actuar y eso les confunde.

Igualdad y corresponsabilidad

El papel y la implicación del hombre en los temas de igualdad y corresponsabilidad es fundamental. Hoy en día ya hay establecidos grupos de masculinidad en los que hombres feministas buscan cambiar la sociedad para que sea más igualitaria y justa. La más visible es la Asociación de Hombres por la Igualdad de Género (AHIGE). A continuación os presentamos su decálogo:

Un hombre por la igualdad es aquel que:

1. Se acepta a sí mismo como producto de su tiempo y cultura.
2. Ha iniciado un camino personal de búsqueda y re-

planteamiento interno de sus valores, esquemas, mecanismos, conductas y pensamientos.
3. Mantiene una actitud de cambio en sus relaciones con las mujeres, y ya no tolera ningún tipo de desigualdad en razón del sexo.
4. Apoya activamente las justas reivindicaciones de las mujeres contra el sexismo. Comprende que no basta con las palabras y que es necesario que los hombres se posicionen activa y públicamente sobre el tema.
5. Está aprendiendo a verse como un ser sensible, afectivo y, sobre todo, vulnerable. Además, está intentando superar su tradicional aislamiento emocional.
6. Ha iniciado un proceso de replanteamiento de la relación con sus hijos e hijas. Ya no acepta continuar con un papel secundario e intenta que la relación sea más completa, aprendiendo a implicarse directamente con ellos y ellas.
7. Trata de ir superando el miedo y el rechazo ante situaciones de cercanía y complicidad con otros hombres. Comprende que la compañía y la ayuda de otros hombres le resulta necesaria para su desarrollo vital. Acepta su apoyo y está aprendiendo a no verlos como competidores.
8. Avanza en un proceso de renovación de su sexualidad, intentando vivirla de forma más natural y plena, sin los determinantes que el modelo tradicional masculino le ha impuesto.
9. Ha comenzado a cambiar su actitud hacia la homosexualidad, reconociendo que las personas homo-

sexuales sufren una situación de discriminación que ha de ser combatida activamente. Analiza su relación personal con este tema.
10. Y, por supuesto, ha adoptado una actitud de tolerancia cero hacia la violencia de género que ejercen los hombres sobre las mujeres. Ha comprendido que el silencio nos hace cómplices.

Tanto si sois hombres como si sois mujeres, e independientemente de las diferencias biológicas y estructurales del cerebro femenino y masculino, ¿no creéis que si este decálogo fuera interiorizado, comprendido, respetado y aceptado por cuantos más hombres mejor, el mundo de la desigualdad sería parte de nuestro pasado?

Mujeres y hombres formamos un equipo. No podemos emprender una lucha por la igualdad desde posturas separadas. Nos necesitamos. El principal objetivo sobre el que se fundamenta un equipo y por el que se trabaja es alcanzar el objetivo grupal, es decir, el bien para la familia. El bien para la familia se traduce en una situación de igualdad total, que permite al hombre y a la mujer desarrollarse plenamente en todos aquellos aspectos que ellos elijan.

Así que, señores, tengan iniciativa. No solo de acción, también de creencia. Si no cambiamos las creencias, no cambiaremos el futuro. Y Volviendo a nuestro toque de humor: lo que una mujer desea en este apartado es un hombre con iniciativa. Porque aquí la regla *number one* de la comunicación, «pide», no es suficiente. La regla «pide» no funciona en temas de corresponsabilidad. Es más, aunque seas el hombre más primoroso del planeta, el mejor padre y marido, como se te ocurra verbalizar la pregunta bomba, «¿en qué puedo ayudar?», la has liado parda. ¡¡¡Ni se te ocurra!!! Esta es otra pregunta que debe borrarse del diccionario de expresiones tóxicas de pareja. Por favor, guárdala junto con la mítica «¿estás con la regla?».

Señores, nos pone más un hombre con iniciativa que cualquier otro aspecto sensual o sexi que podáis imaginar. Porque un hombre con iniciativa y corresponsable te regala horas de sueño y de descanso, te regala tiempo para ti, para cuidarte, te permite conciliar tu vida personal con tu profesión. Y todo ello redunda en el bienestar y en la satisfacción personal. Y cuando una está feliz y descansada, ya me perdonarán, también se siente más activa en todas las áreas. Un hombre corresponsable y con iniciativa es un sedante, un energizante, un amigo, un compañero, un organizador del tiempo, una persona empática, es caminar uno al lado del otro en lugar de ir tirando del carro. Y hasta que no has tenido la suerte de convivir con alguien así, no sabes apreciar cómo mejora tu calidad de vida en todos los sentidos. Porque en lugar de pensar tú sola por todos los que estáis en casa, hay dos cabezas pensando, organizando, colaborando y resolviendo. Y esto es un lujo... al alcance de todos.

Iniciativa no es ir a hacer la compra con la lista que os han preparado. Y, realmente, tener iniciativa es bastante fácil. Tomad nota, señores, son dos cositas de nada, lo vais a entender y a aprender muy rapidito. Apuntad. Tener iniciativa es preparar un desayuno con fruta fresca para que los niños tomen vitaminas, y, claro, la fruta tiene que estar pelada y en trocitos porque si no, no se la comen. Es acordarse de meter la merienda de los niños en la mochila del cole. Pero ojo, no vale cualquier merienda. Mirad el Instagram de @Realfooder y tomad nota de lo que son tentempiés saludables. Ni se os ocurra meter un bocadillo de crema de cacao, ni galletas, ni un donut, ni batidos de chocolate de la marca que sean, ni zumos en tetrabrik porque están todos cargados de azúcar, ni un bocata de jamón de york porque dice la @boticariagarcia que el jamón de york no existe. Tener iniciativa es ir al cole con una sonrisa en el coche sin pitar a los desgraciados que no respetan las normas de circulación, porque los niños copian ese «pringado» que le gritáis al conductor por la ventanilla. Es mirar el menú del cole para no repetir pescado por la noche si ya han comido pescado al mediodía. Es estar al tanto de si hacen los deberes, de las notas de la agenda, de llevarlos a las extraescolares, de estar encima para que salgan a tiempo de casa, no llegar tarde y que no se olviden nada en la bolsa de deporte. Es no entrar al trapo en el WhatsApp de madres y padres. También implica anticiparos a su salud. Llevarlos al dentista antes de que tengan caries, ir a las revisiones de la ortodoncia, sí, hoy todos los niños llevan ortodoncia. Mientras están en las extraescolares pasaos por la papelería o por el «chino», porque siempre hace falta material escolar. Haced la compra. Ah, la compra requiere una lista previa para no llenar el carro de porquerías que no se pueden comer porque son poco saludables. Y no se os ocurra ir a hacer la compra con hambre, no. Buscad un momento en el que tengáis la barriga como Espinete para poder comprar de forma saludable. Si es posible, id a los comercios de proximidad, así estaréis cuidando de vuestro barrio. Llamad al pediatra para las vacunas, las revisiones, las enfermedades o, simplemente, para quedaros tranquilos ante cualquier tontería que tengan los niños. También supone hacer la cena, conseguir que jueguen poco con el móvil y más con los Playmobil, que ya no saben ni lo que son, que se duchen, a ser posible con serenidad, e intervenir cada dos por tres para que los hermanos no discutan. Y mientras realizáis las actividades de esta listilla de nada, sed creativos con el disfraz de Navidad, el de fin de año, el de Halloween, el del 14 de febrero, que es el día del amor, el del día de salvar al mundo, el del día *ecofriendly* o el del día de la mascota. Y no os olvidéis de la vida social de vuestros hijos, que tienen más que vosotros. Esto supone llevar un calendario con todos los cumpleaños a los que tenéis que asistir. Y ya no os digo nada si tenéis más de un hijo. Y no vayáis a repetir regalo, llevad un registro de lo que le vais comprando a cada niño. A ver si un día vais a aparecer en la fiesta de María con un camión y en la de Miguel con una princesa. Claro que, si hicierais esto, seríais unos padres cojonudos, pues evitaríais el micromachismo y promoveríais una sociedad mejor y más igualitaria. No sé si a los críos les haría tanta gracia, pero ibais a quedar a las mil maravillas delante de los otros padres. Tener iniciativa también es contar un cuento por las noches, enseñar a los niños a gestionar sus emociones, meditar un ratito con ellos, y si creéis en Dios, rezar. Y esperad, *my friends*, esta es la lista de tener iniciativa si sois padres. Ahora agarraos, que vienen curvas, porque aún os falta la del hogar: la plancha, la lavadora —tratad de no encoger la ropa, de conocer cada temperatura, y, por supuesto, no mezcléis colores—, fregar, ordenar armarios, limpiar los baños, llenar y vaciar el lavavajillas, tender la ropa de la lavadora. Y las suegras... hay que llamarlas, preguntar cómo se encuentran, decidir si se come en casa de la familia el fin de semana o no. Y, por Dios, que no se os olvide poner algunas velitas en casa, no vayamos a fastidiar el *mindfulness* del momento y a dejar de propiciar un ambiente relajado. Y si lo queréis bordar, acordaos de estar duchaditos, perfumados, frescos y de buen humor para disfrutar de lo que queda de noche en pareja, que como descuidéis a la pareja, la habéis liado. Y ojito, ojito, que no os duela la cabeza, que entonces no hay tema.

Parecía sencillo, pero ya veis que no es así. Imaginaos cuánto facilitaría las cosas que ambos compartierais todas las tareas de la lista. Alguna vez he escuchado la expresión «es que las mujeres lo queréis todo». No es cierto. Queremos un compañero de vida, un amigo, un amante, una persona que comparta con nosotras las responsabilidades comunes. Como creo que lo hacemos con vosotros. Nosotras también fallamos más que una escopeta de feria, pero hay que reconocer que las estadísticas dicen que todavía no es suficiente. Queda mucho camino por recorrer para mujeres y hombres, porque esto es cosa de dos... o de tres. Y porque hasta que no se aprueben las medidas de conciliación que permitan acceder a esa igualdad plena, la maternidad nos mantendrá en desventaja laboral. La igualdad pasa por que todas las partes tomen conciencia de lo que es justo y se involucren. Hombres y mujeres queremos dialogar, compartir y disfrutar. Se busca la corresponsabilidad, la coeducación, la codiversión y la complicidad.

Con el fin de erradicar esta desigualdad, existe un proyecto europeo llamado All Together (https://igualdad.uca.es/wp-content/uploads/2017/04/alltogether.pdf?u) que propone un decálogo para que hombres y mujeres puedan aprender y apreciar las ventajas de implicarse de lleno en la responsabilidad del hogar y de la familia. Este es el decálogo europeo.

1. Disfrutarás de una vida en pareja de mayor calidad, teniendo más tiempo para compartir juntos.
2. Aumentará tu bienestar personal y social ¿Estás preparado para compartir más tiempo en casa y colaborar con las personas a las que quieres? Siendo un hombre igualitario serás más feliz, y tu pareja dispondrá del tiempo que le corresponde legítimamente para dedicarlo a las actividades que desee.
3. Mejorará tu complicidad con tu pareja. Tendrás más libertad y autonomía para la compresión mutua, y relaciones más satisfactorias y placenteras. Tendrás una mejor vida emocional.
4. Disfrutarás y conocerás mejor a tus hijos/as. No te pierdas una de las cosas más importantes en la vida: participar en la crianza de tus hijos/as y verlos crecer. Aumenta tu bienestar y autoestima y el de tus hijos/as compartiendo más tiempo juntos.

5. Aprenderás nuevas competencias y habilidades ¿Alguna vez te has preguntado por qué es habitual que las mujeres se organicen y compaginen mejor su vida conciliando los tres ámbitos: familiar, personal y laboral? ¿Y tú? Todo cambio nos brinda una oportunidad de aprender cosas útiles y mejorar nuestras condiciones de vida.
6. Compartirás la carga de ser el sostenedor de la familia. Un hogar que cuente con dos fuentes de ingresos será más confortable y menos estresante que otro en el que solo el hombre es el soporte económico de la familia: comparte las responsabilidades económicas.
7. Serás independiente, conociendo por ti mismo cómo compaginar el cuidado de los/as niños/as y las tareas domésticas. Tu autonomía no solo ha de ser económica y profesional, sino también doméstica. Intenta estar seguro de que estás viviendo con tu pareja por decisión propia y no solo porque necesitas a alguien que realice las tareas que tú deberías hacer.
8. Aprenderás a cuidar de ti mismo y de tus seres queridos, y de este modo vivirás mejor y más tiempo, aumentando tus hábitos saludables.
9. Asumirás tus responsabilidades y serás coherente con tus valores de igualdad ¿Crees en la libertad y la justicia? Pon en práctica estos valores en casa.
10. Te convertirás en un buen ejemplo. Pon tu granito de arena en la construcción de una sociedad más

justa: transfórmate en un modelo para tus hijos/as. Ayuda a que la siguiente generación se libere de estereotipos pasados de moda. Con tu ejemplo, sentarás las bases de una ciudadanía responsable.

Tanto si sois hombres como si sois mujeres, si todavía no conocéis el blog de las @malasmadres, os animo a leer todo lo que publica. Hallaréis muchísima información sobre los obstáculos con que nos encontramos las mujeres en nuestra carrera profesional, personal y familiar, la falta de ayuda en el ámbito legislativo, la necesidad de concienciar, legislar y participar de forma activa y, sobre todo, vais a encontrar mucha ilusión por el cambio. Entre todos podemos.

¿Cómo podemos echarnos una mano hombres y mujeres para convivir mejor?

1. *Pongamos las cartas sobre la mesa desde el inicio de una relación.* Expresa tu proyecto de pareja, de relación, de convivencia, el nivel de compromiso que deseas. Comenta las expectativas que tienes sobre la relación. Tener las cosas claras desde el principio evitará muchos problemas. Habla de forma elocuente sobre cómo se organiza, desde tu punto de vista, una casa, si deseas o no tener hijos, lo abierto o abierta que estás a renunciar a tu trabajo si hiciera falta. Habla de todo lo que es importante en relación con el proyecto de futuro. Y no tengas miedo a

que por ello pueda salir corriendo si se asusta con tu planteamiento. Los polos opuestos no se atraen, se repelen. Así que cuanto más claro quede todo, mejor. Hombres y mujeres hemos de procurar mantener relaciones con personas que tengan escalas de valores similares a la nuestra, en cuanto a religión, educación o a la idea de pareja. Será difícil comprender a alguien que no comparte contigo la misma filosofía de vida. Y los valores son complicados de modificar a una edad adulta. La persona, por mucho que te ame, no suele cambiar en este sentido.

2. *Procuremos ser empáticos.* Son muchos los hombres que se han educado, queriendo o sin querer, en un sistema machista. Y simplemente no se han puesto o no saben cómo ponerse en tu lugar. Tenéis que hablar de cómo os sentís, de que necesitáis del otro. La complicidad es importantísima para implicarse en el cambio.

3. *No se trata de pedir permiso, solo de compartir y de tener complicidad.* Las decisiones que vayan a tomarse en pareja, de forma bidireccional, pueden hablarse, entenderse, opinar sin juzgar y consensuarse. Cuando los dejan al margen de las decisiones, hombres y mujeres se sienten ninguneados en la relación. Si eres mujer, deja de hacer comentarios del tipo «pues mi marido me ayuda muchísimo». Este tipo de comentarios lleva a que el peso de la casa y la responsabilidad se identifiquen como tuyos, y de forma no consciente, lo estás dejando fuera.

4. *Tanto si sois hombres como si sois mujeres, preguntad.* Aunque antes nos hayamos reído diciendo que en el reparto de tareas no vale la regla de pedir, sino que hay que desarrollar la autonomía, en caso de duda, PIDE. ¿Qué necesitas de mí? ¿Qué significa esto? ¿Cómo puedo colaborar y participar? ¿En qué lugar queda...? Estar en un período de cambio, de evolución, implica no tener respuestas para todo, así que lo mejor es aprender los unos de los otros.

5. *Bajad vuestro nivel de perfección.* Las tareas en casa no se pueden hacer solo como tú las llevas a cabo. Muchas mujeres y también hombres son metódicos, excesivamente ordenados, incluso obsesivos. Los hay que cuelgan la ropa toda en la misma dirección. Es muy complicado participar y repartir las tareas si se han de cumplir esos estándares de perfección. Porque no todos somos iguales. Habrá que consensuar un término medio para evitar la frustración por ambas partes. Por un lado, la frustración de que las cosas no se hagan como a ti te gusta, y por el otro, la frustración de sentir que no haces nada bien, y que por mucho empeño que pongas, siempre recibes una crítica. Te sería muy útil empezar a verbalizar algo así como «tal y como está, está bien». Permite que el que se ocupa de su tarea establezca su propia rutina.

6. *Organizad un reparto a principio de semana o de mes, en función de vuestros horarios de trabajo.* Lo ideal sería que cada uno pudiera escoger aquellas tareas

con las que más disfruta. Y, por favor, en la medida de lo posible, incluid a vuestros hijos.
7. *Cero reproches, más soluciones.* Discutir, tensar la cuerda, amenazar, reprochar, enfadarte, hacerte la víctima, aunque estés lleno de razón, no va a funcionar. Solo genera tensión y distancia en la pareja. Los reproches son la tumba del amor. Cada vez que le reprochas algo a tu pareja, le transmites que lo está haciendo mal, que no está cumpliendo con tus expectativas, que no te sientes orgulloso de ella. Y esto genera tensión, desconfianza, baja autoestima y decepción. Decepción sobre cómo teníamos idealizada la vida en pareja.
8. *Valorad cada aportación.* Aunque para ti no sea suficiente, aunque pudiera haber hecho más, lo que ha hecho tiene valor. Y a todos nos gusta que nos reconozcan los cambios que vamos experimentando, por pequeñitos que sean. Si tu comentario es «qué menos, pues solo faltaba que yo tuviera que celebrar que recogieras el lavavajillas», no suma. Si se ha recogido, sería genial que le hicieras un guiño —«amor, qué alegría, muchas gracias, es genial que cada vez participes más, así todo es más fácil para los dos»—. ¿Tanto te cuesta reconocer los cambios del otro? Aunque sean de obligado cumplimiento, un beso, un abrazo o un gracias es la mejor manera de que esos cambios se perpetúen. Tu pareja interpretará que con ellos contribuye al bienestar de todos y él o ella también se sentirán bien.

9. *Pactad cuándo y cómo.* Una de las discusiones más habituales relacionadas con las tareas es la de cuándo hay que hacer la cama, cuándo hay que fregar, cuándo hay que recoger. Si uno desea salir a practicar deporte el sábado por la mañana y la otra parte prefiere hacer la limpieza general, habrá conflicto seguro. Se puede establecer una lista con el horario y día de la actividad. Decididlo entre todos, en especial si vuestros hijos ya tienen edad para participar en las tareas del hogar.
10. *En cuanto a la paternidad y maternidad, por favor, no juguéis al poli bueno y al poli malo.* Tenéis que pactar las normas juntos, decidir en qué valores vais a educar, que vuestros hijos no perciban a quién pueden convencer con más facilidad. Tampoco habléis mal el uno del otro, y, por supuesto, nunca delante de ellos —«es que tu padre se ha empeñado en que salgamos de viaje a esta hora, ya sabes cómo es»—. No utilicéis al otro para conseguir que los niños os obedezcan, porque entonces estaréis perdiendo toda la autoridad —«ya verás cuando llegue tu padre»—. Trataos como pareja, como el modelo de pareja que queréis que vuestros hijos tengan en el futuro. Todo aquello que no deseéis para ellos, no lo representéis tampoco vosotros. Sois el modelo de amor, de convivencia, de normas, de respeto, de comunicación, de juego, de ocio, de todo. Lo que aprendan ahora es lo que van a normalizar. Necesitan unos padres unidos,

comprometidos por igual, que se respeten, que se muestren amor, que cooperen y se repartan de forma justa y equitativa las responsabilidades domésticas y familiares.

11. *Cambiad vuestras creencias.* Participar de forma consciente, plena y responsable en las tareas del hogar es participar de la igualdad y de la justicia. La casa y la paternidad siguen siendo dos asignaturas pendientes. Sois un equipo.

12. *Educad a los niños en la corresponsabilidad.* Y todo empieza desde el ejemplo. Las mujeres sabemos conducir y los hombres saben planchar, y esto tienen que percibirlo los hijos como una conducta normal. No se trata de privar a los hijos de los juguetes que desean. No prohíbas a tu hija tener una muñeca si es lo que te ha pedido por su cumpleaños, pero tampoco prohíbas a tu hijo la muñeca si ese es su deseo. Ni le pidas a tu hija que ponga la mesa y a tu hijo que cargue las bolsas del súper. Trata de que las tareas se vayan intercambiando y, si es posible, que cada cual elija aquella con la que se sienta más a gusto. Puede que a tu hijo le encante la cocina y sea un tipo supercreativo a la hora de cocinar.

13. *Desterrad comentarios sexistas y machistas.* Cualquier comentario sexista o machista no hace más que ahondar en la desigualdad. Buscamos entre todos ser un equipo, asumir con naturalidad que sean cuales sean las tareas domésticas o familiares, puede realizarlas cualquiera de las figuras paternas.

8
El Traductor de Silvia

Cuando en una relación hay hechos evidentes que nos demuestran claramente que la cosa no va bien, la mayoría de personas suelen preferir el autoengaño y la negación de esas evidencias, antes que la aceptación de la cruda realidad. Dicho de otro modo, cuando lo que la otra persona nos dice no coincide con lo que hace, nos quedamos con el mensaje que más nos interesa para poder seguir en la relación aunque sea una locura porque los hechos demuestran que la relación no va a funcionar.

Los formatos que pueden adoptar este tipo de situaciones de autoengaño son muchos y muy diversos, pero creemos que es una situación tan frecuente y que nos puede afectar tanto, que hemos decidido incluirla en este decálogo, el «Traductor de Silvia». Seguramente muchos ya lo conocéis, pero para los que no, se trata de una herramienta creada con una única finalidad: evitar el autoengaño en las relaciones, es decir, ayudar a interpretar los hechos de forma realista por mucho que nos duela, y que ello nos permita tomar las decisiones más adecuadas para preservar de la mejor forma posible nuestra dignidad.

Vamos a ver algunos ejemplos...

> *Mi pareja me ha dicho que necesita tiempo y que quiere separarse. Insiste en que me quiere mucho, en que no quiere perderme y en que solo se irá hasta que tenga las cosas claras de nuevo.*
>
> *Yo, por supuesto, le he dicho que de acuerdo. Me cuesta mucho enfrentarme a este distanciamiento, pero confío en que pronto se aclarará y podremos seguir juntos. ¿He hecho bien?*

La verdad es que el tema de *pedir tiempo* o *necesitar tiempo*, es una de las frases más extendidas y frecuentes, y que más necesitan de este traductor. Vamos a analizarlo un poco.

Cuando alguien os pide tiempo, en realidad ¿qué es lo que os está pidiendo? Os está pidiendo alejarse de vosotros, no veros, vivir separados, cortar. Esto es así, nos guste o no. Y claro, cuando alguien os pide alejarse de vosotros, no veros, vivir separados, cortar (aunque le añadan la coletilla de «solo un tiempo» o «de momento»), ¿os dais cuenta de lo que os están pidiendo en realidad? ¿Sois conscientes de lo que os está diciendo en realidad?

Vamos a traducirlo.

Cuando os dicen: «Necesito tiempo. No quiero perderte para nada, no quiero hacerte daño, pero no estoy bien y necesito alejarme solo un tiempo para aclararme, para encontrarme a mí mismo, para saber lo que siento (o lo que es peor: «para ver si te echo de menos»).

Lo que deberíais escuchar es: «NO TE AMO, Y POR ESO NO QUIERO ESTAR CONTIGO Y QUIERO SEPARARME».

Es normal que cuando llevamos tiempo en una relación, no estemos dispuestos a renunciar a ella así como así, a la primera que las cosas se tuerzan. No queremos tirar por la borda todo lo que hemos construido ante el primer problema que surja, y eso está bien. A veces se presentan dificultades que debemos aprender a gestionar y a sobrellevar, a veces hay que tener paciencia cuando la otra persona está atravesando una etapa personal, laboral o familiar difícil, estar a su lado, tratar de comprender lo que le ocurre y darle todo nuestro apoyo. Esto es lo que hacemos cuando amamos a alguien de forma sana. Es una reacción que nos nace de dentro, no tenemos que forzarla, simplemente es lo que deseamos hacer.

Ahora bien, hay ocasiones en las que uno de los miembros de la relación no está bien por el motivo que sea y entonces «pide tiempo». Y ahí entramos en un terreno de arenas movedizas donde existe un verdadero peligro de sufrimiento extremo.

Ante esta situación, deberíamos hacernos una serie de preguntas...

¿TIEMPO PARA QUÉ?

Esta es la primera pregunta que deberíamos ser capaces de responder. Tiempo ¿para qué? Está claro que, para estar separados, para no vernos, para no hablar, para no despertarnos juntos, para no irnos a la cama juntos, para dejar de compartir nuestro tiempo libre, para no salir más a cenar, etcétera. Cuando alguien te dice que necesita dejar de hacer todo eso contigo, no deberías tener la menor duda de que esa persona NO TE QUIERE como pareja. Eso no significa que no le importes, o que le dé igual cómo estés o lo que te pase. Simplemente ya no te quiere como pareja, y por eso te está pidiendo dejar de hacer contigo todas esas cosas tan elementales que hacen todas las parejas. Ya no te siente como su pareja. Esto es demoledor, lo sé. Pero somos personas adultas y debemos ser capaces de enfrentarnos a la realidad, aunque esta no nos guste o duela muchísimo. Si ya no nos quieren, no hay más camino que la aceptación.

¿En calidad de qué?

Otro punto interesante para analizar cuando nos piden tiempo es el siguiente: si nos damos un tiempo, ¿qué somos durante ese período? ¿Ya no somos pareja? ¿Seguimos siendo pareja? ¿Ya no somos nada? ¿Seguimos estando juntos aunque estemos separados?

Te lo voy a responder. En la gran mayoría de casos, quien pide tiempo (que es quien ya no ama al otro y por eso pide alejarse), al tomar distancia siente una gran liberación. Puede que, si ve al otro hundido en la miseria y sin levantar cabeza, se sienta culpable, pero eso deberá aprender a gestionarlo. En realidad, siendo honestos, quien se aleja tras pedir tiempo, se siente liberado.

Por ello, al sentir esa liberación, tiene ganas de volver a hacer las cosas que le gustaban antes (y que, al llevar tiempo mal en la relación, tal vez había dejado de hacer), de conocer a otras personas, de sentirse vivo de nuevo. Es habitual que uno se vuelva hiperactivo en estos casos, que salga y haga muchas actividades. Y también es habitual que conozca a otras personas con las que tenga alguna historia, aunque sea puntual, o incluso que se enamore de alguien más.

Hay casos en los que uno pide tiempo porque ya ha conocido a otra persona y quiere tener más espacio e intimidad para quedar con ella y descubrir cómo es sin tener que estar mintiendo constantemente.

Y la cuestión aquí es que, cuando te piden tiempo, el que da tiempo suele quedarse en estado de *shock*, esperando a que la otra persona vuelva, concediéndole un plazo y lo que haga falta con el único deseo de no perderla, dispuesto a dar y a permitir todo lo que sea necesario para retomar la relación cuanto antes y que todo siga igual. Igual de mal, claro. Porque, aunque uno no quiera aceptarlo, cuando esto pasa, es porque no estábamos tan bien como creíamos.

¿Hasta cuándo?

Otro punto es este. Siempre me ha parecido muy gracioso. Hay algunas parejas que cuando «se dan tiempo», ponen una fecha límite. «Nos damos tiempo hasta marzo.» «Vamos a esperar hasta el 21 de septiembre, que es nuestro aniversario.» «En tres meses volveremos a hablar para ver cómo estamos.»

Por algún motivo, creen que sus miedos y confusiones de hoy, cuando llegue ese día, se aclararán por completo, como por arte de magia lo verán todo claro. Pues bien, el cerebro no funciona así, y mucho menos las emociones. Nadie puede saber lo que va a sentir mañana, por lo que tampoco podemos saber lo que vamos a sentir o querer dentro de un mes, ni de dos, ni de seis.

Es completamente absurdo ponernos fecha. Está claro que quien pide tiempo lo hace para sentir que tiene margen, que tiene espacio, que aún queda hasta esa fecha y no se preocupa por lo que pasará cuando llegue el día. El problema lo tiene quien se queda esperando ansioso a que llegue esa fecha. Vive la fantasía de que cuando llegue el día todo va a ser como antes y volverá a la normalidad, por lo que no asume la ruptura, no asume que la otra persona, al pedirle tiempo, le está pidiendo alejarse, que no quiere que sigan juntos, que no quiere seguir a su lado, que quiere estar con otras personas. Y por eso mismo el proceso de duelo empezará mucho más tarde. Cuanto más se autoengañe, más tardará en enfrentarse a la realidad.

No pasa nada, sobrevivirá, aunque el dolor será más duradero y tal vez más profundo, porque cuando lo asimile se sentirá peor, engañado/a, y también deberá aprender a gestionar eso.

Y SI NO... ¿QUÉ?

Tampoco nos planteamos nunca qué ocurrirá si llegado ese día, esa fecha límite, resulta que la otra persona no quiere volver con nosotros o sigue con las mismas dudas, o igual de mal. Esa es una cuestión que nos interesa poco y a la que no queremos hacer frente, pero deberíamos atrevernos a mirarla sin miedo. Plantearnos qué ocurrirá si ya no volvemos nunca, cómo enfocaremos nuestra vida sin él/ella, qué cambios vamos a hacer.

¿Por qué pedimos tiempo?

Por lo general, la persona que pide tiempo lo hace llevada por dos miedos:

Miedo a hacer daño a su pareja. Si uno siente que necesita dejar la relación, pero sabe que su pareja no quiere romper y que con ello sufrirá mucho o piensa que va a destrozarle la vida, la opción del tiempo es como un camino intermedio entre seguir y dejarlo definitivamente. Puede que lo haga para evitar dolor al otro, pero no se da cuenta de que, al pedir tiempo, el dolor va a ser mucho más profundo, ya que de esta forma no le permite enfrentarse a la realidad.

A veces puede que sintamos que, si decimos que nos vamos, la otra persona no lo aceptará, o no nos dejará, o hará una locura, y así, al engañarla con lo del tiempo, será más flexible, tendrá miedo de perdernos, pensará que si cede aún podrá albergar esperanzas y nos dejará hacer sin poner demasiados problemas.

Miedo a arrepentirse. Cuando uno lleva muchos años en una relación, es habitual que le asuste la idea de cortar para siempre. Hay muchas cosas y aspectos a los que se ha acostumbrado y no es fácil romper con todo y adaptarse a una nueva realidad. Seguramente también hay cosas que le gustan de la otra persona y que va a echar mucho de menos. Aspectos que teme no encontrar en otros. Es fácil que nos dé miedo arrepentirnos de haber dado ese paso y de haber roto, y que luego sea demasiado tarde para volver atrás.

Por ello, al pedir tiempo, es como si uno se diera margen para cerciorarse de que está cómodo con ello, que es lo que desea de verdad, y así, si se arrepiente, puede volver y sabe que la otra persona le estará esperando con los brazos abiertos.

No acostumbra a hacerse con mala intención. A veces quien pide tiempo ni siquiera es consciente de que no tiene ninguna intención de volver a intentarlo. Pero quien debe tener cuidado es la persona que da el tiempo.

Por experiencia, la mejor opción cuando nos piden tiempo es dar TODO EL TIEMPO. Es enfrentar esta situación como una ruptura definitiva, comprendiendo que durante esos días, semanas o meses, la otra persona hará lo que le dé la gana y con quien le dé la gana, porque «se han dado tiempo», y eso significa libertad.

Si algún día esa persona quiere volver, volverá, y ya verá uno si quiere reemprender la relación o no, en función de cómo esté o qué sienta. Pero lo que no deberíamos hacer es quedarnos allí, esperando a que nuestra pareja decida si somos lo bastante buenos o si nos ama de verdad y desea volver a nuestro lado y seguir su vida con nosotros.

CUANDO LOS «PEROS» APARECEN...

He conocido a una chica que me encanta. Llevamos viéndonos unos meses y... ¡La verdad es que todo ha sido perfecto! Me ha dicho que soy genial, que tengo todo lo que ella busca en un hombre, que realmente le encanto, pero que ahora no es un buen momento para estar juntos. Tiene unos temas por resolver y me ha pedido que mejor dejemos de vernos.
Bueno, en realidad ella me dice que como funcionamos muy bien en la cama, que si quiero podemos vernos de vez en cuando pero solo para sexo, nada más.

Vamos a hablar claro. Cuando alguien os dice algo bonito, os hace comentarios halagadores en los que reconoce muchas cosas buenas que ve en vosotros, y esos comentarios van seguidos por la palabra PERO, ese «pero» anula todo lo anterior. Así, sin más. ¡Sin anestesia!

Dicho de otra forma, es como si delante de esa frase pusiéramos un gran NO.

Por ejemplo, cuando os dicen: «Eres todo lo que siempre he soñado, me encantas, PERO ahora no es un buen momento para estar juntos».

Lo que deberíais escuchar es: «NO eres lo que soñaba, NO me gustas y por este motivo NO quiero estar contigo».

¿Sabéis una cosa? Cuando alguien quiere estar de verdad con vosotros (y vosotros también deseáis estar con él/ella), cuando a esa persona le gustáis realmente, ESTÁ CON VOSOTROS. Punto. Fin de la historia. Es más, si de verdad le gustáis a esa persona, es que ni siquiera puede evitarlo, no puede pensar en otra cosa que no sea encontrar la forma de que podáis estar juntos. Somos así. Cuando conocemos a alguien que sentimos que es perfecto para nosotros, que tiene los valores y las características que siempre hemos deseado encontrar en una pareja, no lo vamos a dejar escapar, así como así, con cualquier PERO barato de esos...

Cuando los «peros» aparecen, es muy importante que sepamos interpretarlos correctamente, porque en esa interpretación está la clave para que nuestra dignidad no salga mal parada y elegir el camino correcto en lo sucesivo, o para perderla por completo, emprendiendo un camino de humillación y desdicha.

Y soy consciente de que no nos gusta nada quedarnos con el PERO, transformarlo en un gran NO y mucho menos ponerlo delante de la frase, cargándonos todas las cosas tan bonitas que nos ha dicho la persona que más nos gusta, con la que más desearíamos estar... Estamos enamorados, y la idea de que todo eso que hemos vivido es mentira y se queda en nada es simplemente desgarradora. Tan dolorosa que preferimos, como siempre, el autoengaño.

¿Cómo nos autoengañamos? Lo hacemos en el momento en que nos damos cuenta de que la otra persona nos está enviando dos mensajes que en realidad son contradictorios. Me gustas mucho/Eres perfecto/Encajas con lo que siempre he deseado/Me encantas... PERO... Te dejo/No podemos estar juntos/Es mejor que todo acabe aquí.

Ante estos dos mensajes, nuestro cerebro, que siempre busca nuestro bienestar, decide quedarse con el menos doloroso, y está claro que este es el primero. Y es que esa persona que nos está dejando, nos dice que le gustamos, que somos perfectos, que desearía poder estar con nosotros... por lo que decidimos ignorar el pequeño detalle de que nos está dejando. Lo apartamos y lo colocamos a un lado, ahí donde no nos resulte fácil verlo. Decidimos focalizar nuestra mirada en esas frases tan bonitas que nos ha dicho, y entonces entra en juego otro personaje altamente peligroso en estas situaciones: la esperanza.

La esperanza es buena en algunos casos, pero os aseguro que cuando alguien os ha dejado, es la peor aliada a la que podéis agarraros. De hecho, cuando alguien os deja o se aleja de vosotros, la esperanza es lo primero que deberíais perder. De nada os va a servir aferraros a ella, porque lo que verdaderamente cuentan son los hechos, cómo se está comportando la otra persona, qué es lo que está haciendo. ¿Está con vosotros? ¿Se levanta a vuestro lado? ¿Esta relación os aporta paz? ¿Es lo que siempre habíais deseado? ¿Tenéis con él/ella la relación que soñabais?

Cuando las respuestas a esas preguntas son mayoritariamente negativas, deberíais aceptar la realidad:

Eso tan bonito que os había pintado al principio de la frase, no tiene ningún valor para él/ella. Solo os lo ha dicho como una estrategia para que no os vengáis abajo de una forma demasiado estrepitosa. Para que el mensaje no suene tan dramático, ya que sabe perfectamente que vosotros no queréis dejar la relación y os supone un palo tener que aceptar que se ha acabado. Sabe que a todo el mundo le gusta que le digan cosas positivas, que le halaguen un poco, y así, al daros una de cal y otra de arena, parece que el mensaje no duele tanto.

La trampa del «seamos amigos» o «solo sexo»

También es muy peligroso caer en la trampa del «seamos amigos» o «veámonos solo para tener sexo».

A ver, cuando uno quiere tener una relación con alguien, cuando ama a esa persona o está enamorado de ella, quiere tener una relación, no solo una amistad. Por el contrario, quien nos plantea que seamos solo amigos, es porque no siente nada más que eso, una simple amistad. Cero sentimientos añadidos. Igual que cuando nos dicen «solo sexo». Si uno quiere más que eso, si uno siente verdadero amor y un verdadero afecto hacia la otra persona, no va a poder tener *solo sexo*, aunque trate de mentalizarse de diez mil maneras.

Debemos entender que no podemos cambiar nuestros sentimientos así como así. Uno no puede dejar de querer solo por proponérselo, igual que no podemos empezar a amar a alguien si ese sentimiento no nos nace de manera profunda y verdadera. No se puede forzar. Y por eso, si lo que queremos es tener una relación de pareja no es bueno aceptar nunca la propuesta de ser solo amigos y de tener solo sexo, porque eso, de nuevo, lo único que hará es que nos autoengañemos y que nos aferremos a la absurda esperanza del «vale más eso que nada» y del «tal vez si tenemos eso, nos iremos viendo y volverá a sentir lo que sentía antes, tal vez así algún día volveremos a estar juntos»...

Si jugáis a ser amigos de alguien a quien en realidad amáis y con quien en realidad querríais tener como pareja, cuando esa persona os explique sus intimidades con otros/as (eso es lo que hacen los amigos), deberíais alegraros y no sufrir lo más mínimo. ¿Podríais hacerlo?

Si practicáis sexo con alguien a quien deseáis tener como pareja, vuestros sentimientos se mezclarán y os confundiréis. Luego, cuando os deis cuenta de que también tiene sexo con otras personas y que además también va a cenar con alguna de ellas y ya la ha presentado a sus amigos... cosa que ya no hace con vosotros... ¿Cómo os sentiréis?

Por favor, tratad de reflexionar y no caigáis en la trampa del PERO. Cuando lo oigáis alguna vez, transformadlo en un gran NO, ponedlo al inicio de cualquier frase bonita y atreveos a ver la verdad de lo que está ocurriendo. Os dolerá, y tal vez tendréis que atravesar un proceso de duelo que no será agradable, pero creedme: vale la pena.

Solo así seréis libres de verdad y mantendréis vuestra dignidad intacta.

El miedo al compromiso

Mi novio me ha dejado. De hecho, es la tercera vez que lo hace en menos de un año. Yo creo que lo que le ocurre es que

> *tiene miedo al compromiso. Por eso no quiere que vayamos a vivir juntos, cuando hay alguna comida familiar nunca quiere venir, no me ha presentado a sus amigos y en general rechaza todo lo que conlleve un cierto nivel de implicación.*

Hay muchas relaciones en las que aparece el famoso MIEDO AL COMPROMISO. En algunos casos llegamos a la conclusión de que existe ese miedo porque la otra persona tiene dudas sobre la relación, nos abandona y vuelve una y otra vez; o también porque vemos que no se implica, no se compromete o no se abre suficientemente.

Vamos a ver cuál debería de ser la interpretación correcta, en los casos en que detectamos ese supuesto *miedo al compromiso.*

Cuando os dicen: «Lo siento mucho... es que creo que tengo miedo al compromiso».

Lo que deberíais escuchar es: «No quiero comprometerme contigo. No me gustas lo suficiente. No quiero estar contigo».

Aunque cueste. Aunque duela. Aunque nos de rabia. Aunque no nos guste. He visto infinidad de casos en los que supuestamente había miedo al compromiso, y cuando se ha roto la relación de forma definitiva, la persona que en teoría sufría ese miedo se ha comprometido totalmente con otra persona, dando todos los pasos que no fue capaz de dar en la relación anterior.

Aquí deberíamos matizar algo. Cuando hablamos de miedo al compromiso, la persona que tiene ese miedo no suele ser quien lo menciona. Es decir, quien acostumbra a hablar del miedo al compromiso es quien está con alguien que no se compromete. Hacen referencia a ese miedo para justificar por qué siguen con una persona que no busca lo mismo que ellos.

Sería como decir: «Sigo con él porque en realidad tiene un problema. No es que no quiera convivir conmigo, de hecho sí que quiere, pero su miedo no se lo permite». O bien: «No es que no quiera tener hijos conmigo, lo desea muchísimo, pero le entra angustia cuando lo planteamos en serio». O también: «No es que no quiera conocer a mi familia o presentarme a sus amigos, es que tuvo una mala experiencia hace tiempo con otra relación y por eso ahora le cuesta dar el paso...».

Pobrecito/a... ¿Verdad? ¡¡¡Lo desea con todas sus fuerzas, pero no puede!!! Y cuando más tarde vemos, después de dejarlo por haber llegado a un nivel de hartazgo y desgaste sin igual, que con la siguiente pareja hace todo lo que no hacía con nosotros, pensamos que es así porque fuimos nosotros quienes lo dejamos a punto de caramelo, y que es la nueva pareja quien se lleva el premio...

¿Qué es, en realidad, el miedo al compromiso? Yo creo que la respuesta a esta pregunta no importa lo más mínimo. Aquí lo verdaderamente importante, aquello a lo que deberíamos prestar atención, es a la siguiente pregunta: ¿siento que mi pareja asume el nivel de compromiso que yo espero cuando estoy en una relación? ¿Siento que se compromete al mismo nivel que yo? ¿Que se involucra igual que yo? ¿Siento que da y cede al mismo nivel que yo? O, por el contrario, siento que yo siempre estoy tirando de la relación, que tengo que renunciar a dar ciertos pasos que para mí son muy importantes cuando estoy en pareja; si tenemos que discutir porque no comprendo su actitud o su negativa a la hora de compartir situaciones que para mí son necesarias, tengo que tolerar que desaparezca varios días o que trate de manipularme o convencerme de que vea la vida de otra forma que no encaja con mis valores, y eso me produce ansiedad...

Estas son situaciones que podríamos tratar de justificar con el supuesto miedo al compromiso, pero está claro que aquí, de miedo al compromiso, hay poco.

Yo, en estos casos, solo veo a alguien que no quiere tener una relación de pareja con esa persona. Solo veo a alguien que va a la suya, que no piensa en el otro y que no tiene ningún interés en hacerlo.

Lo adecuado sería que nos preguntáramos si sentimos que nuestra pareja tiene el mismo nivel de compromiso que nosotros con la relación. Si no lo sentimos así, entonces tal vez no estamos con la persona apropiada y no podremos mantener con ella la relación que deseamos. Seguir adelante será una batalla e implicará un gran esfuerzo para lograr que esa persona se convierta en quien nosotros deseamos que sea, y para que cambie lo bastante como para que ambos lleguemos a encajar.

Y tratar de cambiar al otro, tal y como veremos más adelante, nunca ha sido una opción recomendable dentro de una relación de pareja.

Tapaos los oídos y mirad

Para comprender bien cómo funciona el traductor, hay una estrategia que desde hace muchos años repetimos a los pacientes. Ante cualquier situación que viváis en vuestra relación de pareja, siempre que sintáis que lo que os dice la otra persona no encaja con los hechos, debéis olvidaros de lo que os ha dicho. Cuando os encontréis ante una situación contradictoria de este tipo, simplemente TAPAOS LOS OÍDOS, Y MIRAD.

Los hechos son los que dicen la verdad. Los hechos nunca mienten. Una persona siempre os mostrará cuáles son sus sentimientos más profundos a través de sus actos. Si te dice que te quiere, pero se va, solo debes quedarte con que se ha ido. Si te dice que te quiere muchísimo pero solo os veis de vez en cuando como amigos, no hay más que un amor de amigo. Si te dice que no volverá a hacerlo, que lo siente mucho, que es a ti a quien ama, pero descubres que sigue hablando y acostándose con la otra persona, es porque quiere seguir haciéndolo, y está claro que no le importa hacerte daño, por lo que resulta fácil comprender que no te ama.

Si observáis los hechos sin voz, sin escuchar lo que os dice, os dijo y os dirá, podréis ver lo que tenéis delante, sin filtros, sin mentiras, sin tapujos. Y solo si os enfrentáis a la realidad, podréis reconectar con vuestra libertad para ser y decidir qué camino queréis tomar de verdad.

9
El sexo

En las películas estadounidenses nos han vendido una imagen de parejas que hacen el amor, luego se acarician, se besan, ríen y hablan durante horas. Todas las parejas que tienen sexo en las películas lucen pieles tersas, brillantes y cuerpos atléticos. Exhiben una pasión loca y alcanzan el orgasmo al unísono. ¿Vosotros no os quedáis dormidos después de tener sexo? Si es así, es que vuestras hormonas funcionan de forma correcta. Generamos una hormona que nos relaja, y sobre todo en la mujer tiene una función importante, favorecer la concepción. Si estuvierais superactivas después de hacer el amor, igual sería más complicado quedarse embarazada. Recordad que la naturaleza nos prepara para que la especie sobreviva.

El cine nos ha dado una visión del sexo irreal, cargada de erotismo, pasional a más no poder. ¿Qué me decís de esas escenas tipo «te empotro en la ducha, como si no hubiera un mañana», y sin pegarse el gran resbalón? Debajo de esas escenas tendrían que poner «secuencias rodadas por especialistas», como en las escenas peligrosas de los anuncios de coches, porque si yo tuviera que repetir eso en mi ducha, me rompo la crisma, fijo. No solo resbala la ducha, también el jabón. Así que, ojito, que entre abrazo y abrazo en la ducha, puede que terminéis empotradas, pero contra la mampara.

Un aspecto interesante del sexo es que es un visionario, un *real influencer*. Ahora se ha puesto de moda ser vegano, y las prácticas sexo-culinarias de toda la vida resulta que son veganas. Porque nadie se pone a tono compartiendo un donut. Nooooo. En *Nueve semanas y media* esparcían por la cocina toda la fruta que había en el frigorífico. No les dio por sacar galletas, ni patatas fritas con sabor a beicon, noooo... el sexo es vegano. Todos los padres y madres que ahora andáis preocupados porque vuestros hijos no comen fruta... tranquilos, todo llega. Siento amargaros el libro.

El sexo da para mucho, ¿qué me decís del «aquí te pillo, aquí te mato»? El sexo y el morbo van de la mano desde el principio de los tiempos. Hacer el amor en un probador, en el baño de un bar de copas, en un ascensor, en el minúsculo baño de un avión... son tan pequeños que, si te giras, el culo te hace ventosa. Oye, quien haya vivido alguna de estas situaciones, seguro que no la olvida.

Cuando falta la pasión, se muere el amor

El sexo es de lo más potente que existe en una relación de pareja, tanto para unirla como para separarla. Hemos visto parejas en la consulta que no sabían comunicarse, que no compartían valores, tampoco aficiones, pero que tenían unas relaciones sexuales increíbles, y seguían juntas. Y, por el contrario, hemos visto parejas perfectamente acopladas, con una relación excelente, compartiendo valores, comunicación, aficiones, hijos, pero que no se deseaban ni disfrutaban con el sexo, y terminaban divorciándose. Cuando falta la pasión, se muere el amor.

La pasión del inicio de una relación, esa que dura alrededor de seis meses hasta unos dos años, es imposible mantenerla tal cual eternamente. De hecho, estamos configurados biológicamente para que se pierda. Al principio de una relación sois capaces de dormir poco, de tener una actividad sexual diaria y de forma repetida, no dejáis de pensar durante todo el día en la otra persona, y, fijaos, seguís vivos. Pero si nuestras hormonas mantuvieran este nivel de deseo y de pasión durante mucho tiempo, no nos quedaría energía ni tiempo para ocuparnos del resto de responsabilidades, como el trabajo o los hijos. Así que la mente y el cuerpo tienden a serenarse cuando el cerebro interpreta que ha pasado un tiempo prudencial para que la pareja se haya comprometido y la especie pueda sobrevivir.

La pasión podría no ser una etapa exclusiva del enamoramiento si entendemos que puede evolucionar. Es cierto que la relacionamos mucho con el fervor sexual del inicio. Pero la pasión puede sufrir una transformación. Sentir pasión por tu pareja es la consecuencia de *admirar* a la persona, de tener *complicidad* y de sentir *deseo*.

Admiramos a la persona cuando tenemos claro todo lo que nos gusta de ella, lo que valoramos, su parte increíble, aquello que la hace diferente, especial. A lo largo de la vida en pareja, y una vez finalizada esa etapa de ceguera en la que solo vemos todo lo que nos atrae, empezamos a darnos cuenta de todos los defectos que en el inicio no vimos. Incluso pensamos que la pareja no es la misma, que nos la han cambiado. En absoluto. Es la misma, pero antes estabais tan ciegos que no erais capaces de ver nada negativo. Vuestra mente buscaba encajar a la persona amada con vuestro deseo hacia ella. Pero a partir de cierto momento, ponemos en marcha el filtro. El filtro con el que miramos a la persona amada puede potenciar la admiración o la decepción. Todos tenemos aspectos físicos, una forma de ser, unas cualidades o unos valores dignos de admirar y otros que nos gustan menos. Si empezáis a poner el foco en todo lo que rechazáis, cada vez veréis con más negatividad a vuestra pareja, cada vez os gustará menos lo que véis, y terminaréis por preguntaros «¿qué hago yo con esta persona?». En algunas ocasiones esta pregunta permitirá poner fin a una historia que no funciona, y por mucho que tratéis de centraros en lo positivo, lo que rechazáis pesa más. Pero en muchas otras ocasiones, la decepción viene de dejar morir lo positivo, de centrarse en todo lo que no nos atrae, de ver a la pareja desde el peor de los ángulos. La mente encuentra lo que va buscando. Y en el momento en que empiezas a observar que ya no es tan cariñoso, que ya no se arregla como antes, que ha dejado de mandarte mensajes, que pone pegas a la hora de ir a comer con tu familia, que tus amigos le aburren, que ya no quiere acompañarte a hacer senderismo, en ese momento, cada vez estarás más atento a todo lo que te separa. Cada vez lo tendrás más presente. Y como nuestra capacidad de atención es selectiva y limitada, no te quedará espacio, energía o tiempo para estar atento a todo lo que adorabas de aquella persona. Y lo negativo suele tener más peso que lo positivo. Como también te ocurre a ti contigo mismo. Sueles ser más crítico contigo y conoces más de ti lo que no te gusta que todas tus fortalezas y habilidades, a las que a veces ni siquiera tienes el placer de conocer.

Aunque os parezca frívolo, parte de la admiración que sentimos por nuestra pareja está relacionada con el aspecto físico. Por favor, no os dejéis. Cuidad vuestra forma física, vuestra forma de vestir, vuestra higiene, vuestros modales, vuestra comunicación, cuidad todo lo que os lleva a interaccionar con vuestra pareja.

Si deseáis seguir admirando a vuestra pareja, estad pendientes de todo lo que le gusta, de los detalles que tiene con vosotros, de lo que os atrae de ella. Podéis llevar un pequeño diario y anotar lo que disfrutas con ella. O mandarle un mensaje y hacerle saber qué momentos han sido maravillosos: «Cariño, me encanta cuando te levantas por mí en la mesa y me alcanzas algo para que no tenga que molestarme en hacerlo yo». Igual es un detalle que repite a diario, pero si en el momento en que ocurre no le dais valor, y en cambio sí se lo dais a sus fallos, la imagen que tendréis de vuestra pareja se inclinará más hacia lo negativo. Es complicado sentir pasión por alguien a quien solo le vemos defectos y no virtudes.

La pasión también depende de la *complicidad*. La complicidad es el entendimiento en estado puro. Es un sentimiento recíproco a través del cual os sentís únicos para vuestra pareja, y vuestra pareja para vosotros, y fortalece el vínculo entre los dos. Es ese código que tienen muchas parejas de amantes o de amigos que, con solo mirarse, con solo sonreírse, ya saben qué está ocurriendo. La complicidad desarrolla el sentimiento de pertenencia. Os hace sentir especiales, porque nadie más está entendiendo lo que vosotros os estáis comunicando. Una parte importante de la complicidad es el sentido del humor que se comparte. Reíros con vuestra pareja es el mejor preámbulo para el sexo. Reír es salud mental, es relax, es divertido. La complicidad se puede construir compartiendo intimidad, compartiendo aficiones, teniendo rutinas juntos, planificando un futuro, interesándose sinceramente por el otro o tratando de entenderle. Ser cómplice es ser amigo, es confianza. Cuanto mayor sea la complicidad y mayor la confianza, mejor podréis compartir, hablar y experimentar de manera divertida, desenfadada y sin miedo al ridículo, aspectos del sexo que uno no se atrevería a mencionar sin esa complicidad.

Despertar el deseo

El deseo y la pasión son inseparables. El deseo es el preámbulo del sexo. Si no hay deseo es difícil estar motivado para tener relaciones. Despertar el deseo es algo muy personal en una relación de pareja. A unos les gusta compartir una copa de vino y desinhibirse durante una cena romántica, otros se citan a ciegas para tomar una copa, otros desean explorar con juguetes sexuales, compartir material erótico, enviarse mensajes subidos de tono, comprar lencería, bailar juntos, abrazarse... Desear a alguien empieza por fantasear con la persona, con momentos románticos, recordar abrazos, besos y fantasías sexuales. Trata de grabar esas vivencias especiales, románticas y apasionadas cuando ocurran. Para poder grabarlas tenéis que estar muy atentos, con todos los sentidos en alerta. Todo aquello que vivimos desde las emociones queda fijado en nuestra memoria. Poner atención plena en una cena, en un abrazo, en un baile, durante una charla cómplice permitirá utilizar esas escenas para recordar lo maravillosas que fueron y estimular el deseo. Cuando fantaseamos, nuestro cerebro no distingue entre ficción y realidad. Por eso es capaz de volver a generar las mismas emociones que sentisteis en el momento real en que sucedieron.

Las mujeres dedicamos menos atención y pensamos menos en el sexo que los hombres. Los hombres tienen dos veces y media más espacio cerebral dedicado al impulso sexual. Mientras que el hombre piensa muy a menudo en el sexo, la mujer piensa una media de una vez al día. Menos en los días fértiles, que pueden ser cuatro veces al día. La biología lo puede todo. Pero en cuanto a las fantasías sexuales, pensar, desear, fantasear con el otro, lo hacemos por igual mujeres y hombres según un estudio de la Universidad de Granada.

Además, los hombres tienen un promedio de diez a cien veces más cantidad de testosterona, la hormona del deseo sexual por excelencia. La testosterona estimula el hipotálamo, y este despierta el erotismo y el deseo. La testosterona interviene hasta tal punto en el deseo sexual, que si en la mujer cae por debajo de un determinado nivel, será muy difícil que tenga apetencia sexual.

Existen muchas maneras de cargarse una relación de pareja a través del sexo. La primera y más importante es dejar de tenerlo. Son muchos los motivos por los que, sobre todo las mujeres, desatienden esta faceta. Somos sexualmente menos activas porque tenemos menos nivel de testosterona. El cansancio y el ritmo de vida también influyen. Pero lo más importante es el disfrute. Si se disfruta poco, apetece menos. Así que cuidar la relación sexual y disfrutarla es fundamental para seguir deseando a la persona. La mayoría de las veces no se disfruta por falta de confianza. Hablamos poco de sexo. Mejor dicho, lo que se dice hablar, hablamos mucho, bromeamos con las tonterías y los chistes. Pero hablar para explicar qué, cuándo, cómo y dónde, no siempre se hace. Por eso, si deseáis cargaros el sexo en vuestra relación, delegad el poder de adivinar qué os gusta en el otro. Pero ¿cómo vamos a saberlo? Si llevamos leyendo la revista *Bravo* desde que tenemos 15 años y no paran de decirnos dónde está el famoso punto G, y no hay manera de encontrarlo. Por lo visto está a siete centímetros desde la apertura de la vagina, que es para coger una cinta métrica, porque no hay persona que dé con él. Nos parece muy romántico que nos adivinen cómo deseamos ser complacidas en la cama, pero es preferible perder un poco de romanticismo a perder el sexo. Sin hablarlo previamente, ni nosotras sabemos qué necesitan ellos, ni ellos lo saben de nosotras. Y no acudáis a las revistas femeninas o masculinas para saberlo, porque ni todos los hombres son iguales, ni las mujeres tampoco. Todo lo facilita la comunicación.

Confianza y seguridad

Dos claves fundamentales para que el sexo funcione son la confianza y la seguridad. Estas nos permiten hablar sin sentirnos avergonzados, expresar nuestros deseos, pedir lo que necesitamos o mostrar nuestro cuerpo sin miedo. El sexo es algo muy íntimo. Si tenéis que estar escondiendo vuestro cuerpo porque os avergonzáis de él, si accedéis a prácticas sexuales que rechazáis solo por complacer a la otra persona o si no dais información de lo que os gusta, no disfrutaréis de la relación. Y si no la disfrutáis, no tendréis ganas de repetir. Es cierto que hay personas que aparecen en nuestras vidas y sin mediar palabra, por pura química, por su experiencia y habilidad, o por lo que sea, parecen diosas del sexo. Pero esto es más ficción que realidad. Esas personas son la excepción.

Un aspecto que nos infunde mucha seguridad a hombres y mujeres es mostrarnos sensuales. La sensualidad está compuesta por miradas, por la forma de caminar, de movernos, de hablar o por los comentarios que nos susurramos. La sensualidad la componen una serie de comportamientos que nos llevan a incrementar el deseo. ¿Habéis probado a jugar a desnudar a alguien con música de fondo? ¿Habéis probado a ir acariciando y besando cada parte de su cuerpo, sin prisa? ¿Habéis probado a decirle murmurándole al oído todo aquello que deseáis hacerle? La sensualidad está en cada gesto. A las personas que saben expresar esa sensualidad se las percibe como sexualmente atractivas. Olvidad los clichés sociales que relacionan el erotismo y la sensualidad con unas curvas, un tipo de piel o una melena larga. La sensualidad y el erotismo están en muchos otros sitios. Solo tenéis que confiar en vosotros mismos. Para sentiros sensuales y expresar vuestra sensualidad, un primer paso es cuidarse. Es imposible que os sintáis sensuales con la braga faja o los gayumbos dados de sí del capítulo de la dejadez. Cuidad vuestra ropa interior, cuidad vuestro cuerpo, más que por controlar el peso, por cómo lo mimáis, por cómo os perfumáis, cómo os ponéis cremas, cuidadlo con un baño relajante. Poneos bonitos/as. Desde lo que vosotros entendáis que es ponerse bonito. No todos lo entendemos de la misma manera. No podréis proyectar ese erotismo si no os sentís a gusto con vosotros mismos. Indudablemente, es más fácil proyectar tu sensualidad y sentirte así si cuidas tu forma física. Y repito, no es el peso. Es sentirte fuerte, ágil, es gustarte. Si no te gustas tú, ¿cómo lo vas a proyectar al exterior? Y, por supuesto, la sensualidad la alimenta el intelecto. Si camináis de forma sensual, si os vestís con elegancia, si miráis de manera atractiva, si sonreís y endulzáis a quien os ve, pero de repente abrís la boca y os comportáis de forma ordinaria o tosca, adiós sensualidad. La perdéis por completo. He oído a algunas parejas en mi consulta hablar sobre el sexo de una manera tan soez y grosera que a mí se me hubiera muerto la libido para siempre solo con escuchar algunos de sus comentarios. Incluso hay palabras y expresiones que se han normalizado tanto que llevan a perder la parte romántica del sexo.

¿Y CUANDO NO DESEAS TENER SEXO?

Otro punto importante en el sexo es de qué modo os expresáis cuando no deseáis tener sexo. Porque no siempre se desea tener sexo, por supuesto, incluso los hombres podéis no tener ganas de hacerlo. Si le dices a tu mujer algo parecido a «déjame, no tengo ganas, estoy agotado», lo normal es que se sienta rechazada, y puede afectarle a su autoestima si interpreta que no es lo suficientemente atractiva como para despertar tu deseo sexual. Las expectativas —equivocadas, lo sé—, suelen definir al hombre siempre dispuesto a tener relaciones sexuales. Se espera de vosotros que tengáis ganas en todo momento. Por eso, cuando un hombre se siente rechazado por una mujer lo asume mejor. No suele sentir o interpretar el rechazo pensando «no le gusto». Entiende que su mujer está cansada o desganada. Pero si ella parte de la falsa creencia de que el hombre siempre está dispuesto a tener sexo y su pareja le dice que está cansada, la interpretación no será «está agotado», sino «yo no le atraigo». Así que tanto uno como otro tendríais que tratar de ser amables y un poco más explícitos a la hora de declinar una relación sexual. Explicadles a vuestras mujeres cómo os encontráis, por qué estáis agotados, qué os preocupa... La comunicación facilita la empatía y elimina dudas e interpretaciones erróneas.

El sexo requiere tiempo

Otro motivo para cargaros vuestra relación sexual es la falta de tiempo. Vivimos vidas muy estresadas. Trabajamos más de ocho horas al día, queremos compaginarlo todo, nos exigimos más de la cuenta y terminamos la jornada agotados. El sexo requiere tiempo y estar relajados. Si termináis exhaustos, con problemas del trabajo sin resolver, lo último en lo que pensáis a las doce de la noche es en besar y acariciar a vuestra pareja. Lo que deseáis es dormir, descansar y recuperaros para poder rendir al día siguiente. Y si entráis en este bucle, podéis pasaros meses sin tener relaciones sexuales. Incluso las parejas asumen esto como normal. A veces no tienen ni tiempo para hablar sobre por qué no hacen el amor. Se deja pasar, se obvia el tema. Dejáis de ver a vuestra pareja como vuestra amante, y la veis como una compañera, como el padre o madre de vuestros hijos, alguien con quien a lo sumo compartís vuestros problemas, pero no como vuestra amante. Vuestra pareja tiene que ser vuestra amante. Y si no es así, en algún momento aparecerá alguien que os llame la atención, alguien que supla esa carencia. No sois responsables de las infidelidades de vuestra pareja, no sois responsables de que se salte vuestro código si la fidelidad está en vuestro código. Pero sí sois responsables de desatender esta faceta tan importante de la relación.

Una pareja necesita tiempo e intimidad, a pesar de los

hijos. Por favor, organizaos para dejarlos, si es posible, con una canguro, con los abuelos, para encontrar un horario en el que podáis tener intimidad. Organizaos, pero no lo aplacéis para el futuro. Porque cuanto menos haces el amor, menos ganas tienes.

Gran parte de la calidad de la relación sexual empieza con la calidad de la relación que tenéis en general. Si estáis todo el día discutiendo, si no compartís las tareas de forma justa y equitativa, si uno de los dos se siente perjudicado por el motivo que sea en la relación, si descuidáis los detalles, es difícil que la parte más íntima funcione.

Y, por último, cuidad vuestra autoestima. Cuanto más seguros os sintáis, cuanto más positiva sea la visión que tenéis de vosotros mismos, más probabilidades tendréis de practicar sexo y de disfrutar de él. No es que seamos responsables de potenciar la autoestima del otro, pero sí que podemos contribuir a que se sienta mejor consigo mismo. Centraos en lo positivo y hacédselo saber, desde lo bien que ha cocinado vuestro marido la pasta hasta lo comprensiva que puede haber sido hoy vuestra mujer durante una conversación tensa. Decídselo. No os quedéis ese agradecimiento para vosotros.

Y, sobre todo, potenciad su autoestima en la relación sexual. Decidle cuánto disfrutáis, cómo os gustan sus caricias, cómo os hacen sentir sus abrazos, lo mucho que os gusta su cuerpo, lo agradables que son sus besos. La pareja suele vernos mejor físicamente de como nosotros nos vemos. Que elogien aquello que os genera inseguridad fomenta vuestra autoestima.

Cada pareja es un mundo, y cada pareja decide qué es placentero y a qué actividad sexual dedica su tiempo. Lo importante es hablar y entenderse mucho. Lo primero que tenéis que hacer es empezar a desechar todas las creencias absurdas y falsas relacionadas con el sexo, que se mantienen sobre todo debido a esa forma de machismo llamada toxicidad masculina, y que relaciona la calidad de una relación sexual con el tamaño del pene o con el tiempo que dura el coito. Existen muchas otras creencias. No estaría de más que las repasarais juntos, os rierais de ellas y les dierais carpetazo. Ese tipo de falacias condicionan las expectativas que tenemos sobre la relación sexual. Si buscáis literatura sobre qué desea un hombre o una mujer en la cama, igual encontráis muchas más propuestas subidas de tono en otros libros o revistas. Pero no es el propósito de este libro. Así que la siguiente propuesta de los diez puntos masculinos y femeninos es una generalización, pero no lo es todo. Por regla general, y lo general no tiene por qué incluir a todos los hombres y a todas las mujeres, nos gusta lo siguiente.

Si como hombre o mujer deseas conocer mejor
la sexualidad masculina, aquí te dejamos
unos consejos...

1. *La iniciativa es cosa de dos.* La biología dice que el cerebro del hombre piensa mucho más en el sexo que el de la mujer. También afirma que el nivel de

testosterona le lleva a desear tener sexo con más frecuencia que las mujeres. La mayoría de las veces ellos suelen llevar la iniciativa. Por tanto, que el hombre lleve la iniciativa en el sexo suele ser lo más frecuente. Cuando la situación se invierte, a los señores les suele excitar muchísimo. Que tu pareja empiece a jugar contigo, que se comporte de forma sensual, que te invite a besarla y a acariciarla, es muy excitante para ellos. Y esto nos lleva a la idea de sentirse deseado. Al hombre, al igual que a la mujer, le atrae la idea de sentirse deseado. La iniciativa no está solo en el comienzo de la relación sexual, también puedes llevarla hasta el final. A los hombres no les gusta sentirse los únicos responsables del placer de la pareja. Pon de tu parte.

2. *Transmítele lo que sientes por él.* Los hombres no son máquinas sexuales que están siempre dispuestas. A un hombre le gusta hacer el amor y sentirse amado. Dile antes, durante y después, que le amas, lo que te gusta de él y cómo te hace sentir. Los hombres disfrutan cuando se sienten queridos y les hace sentir seguros.

3. *Ternura, amor, delicadeza.* Sí, hay relaciones sexuales bestiales, cargadas de pasión y erotismo. Pero la mayoría de las veces no son las que vivimos. Parece como si la ternura, el amor, la delicadeza hubieran de estar más relacionadas con la sexualidad femenina, pero tu pareja necesita tanta ternura, tanto amor y tanta entrega como tú. El amor se expresa no solo

con la palabra, también con el modo en que abrazas, con cómo acaricias, con tu mirada, con estar atenta y dedicarle tiempo.

4. *Dar placer a la mujer.* Déjate seducir, déjate llevar, deja que se ocupe de ti. Los hombres dicen disfrutar mucho más de sus relaciones sexuales cuando su pareja disfruta con ellos. Los hombres no son egoístas en la cama, esta es otra falsa creencia. Sí, habrá alguno que lo sea. Ya sabéis que cuando en el libro hablamos en términos generales es imposible incluir a todos y a todas.

5. *El sexo oral.* La mayoría de los hombres te dirán que el momento de más placer es cuando practicas sexo oral con ellos. No rechaces esta práctica por prejuicios. Pero tampoco te veas obligada a realizarla si no te apetece o te sientes incómoda.

6. *El sexo improvisado.* A los hombres les gusta salirse del dormitorio. Tener sexo en la cocina, en el sofá del salón, en el baño. Fantasear con lo espontáneo aumenta su deseo sexual.

7. *Que tú juegues contigo misma y ver cómo lo haces.* Déjate ya de penumbras. No escondas más tu cuerpo: a él le fascina, por muchos defectos que tú le encuentres. El cuerpo de la mujer es excitante para el hombre, y verte jugar con él, masturbarte en su presencia, es una fantasía sexual muy masculina.

8. *Jugar en pareja.* Pactad qué tipo de juegos os apetece practicar. Hay hombres a los que les gusta verse sometidos por una mujer dominante y con iniciativa, y

otros a los que no. Incluye en tus relaciones sexuales juguetes eróticos, lencería atractiva, geles, un baile sexi, un estriptis, unas risas, lo que ambos penséis que puede aumentar vuestro deseo sexual.

9. *Hablar de fantasías y deseos sexuales.* Al igual que a la mujer, al hombre le excita que le vayas relatando al oído todo aquello que deseas hacer con él.
10. *Todo tipo de caricias.* Se puede acariciar con la mano, con las uñas, con la lengua, con el cuerpo. Y puedes acariciar cualquier zona del cuerpo del hombre. La zona erógena no solo son los genitales. El cuello, los brazos, las piernas...

Si como hombre o mujer deseas conocer más la sexualidad femenina, aquí te dejamos los siguientes consejos...

1. *Tranquilidad.* La mujer necesita estar relajada. En un estudio sobre el orgasmo femenino se descubrió algo bastante obvio. La ansiedad nos afecta mucho a la hora de excitarnos. Ansiedad y deseo son casi incompatibles para la mujer. Así que, si deseáis tener sexo, tienes que estar relajada. Las caricias, la risa, una ducha juntos, hablar... son muchas las formas de poder relajaros e iniciar la relación sexual.
2. *No lo estropees.* El deseo sexual en la mujer puede ser muy cognitivo. No hay una palanca de *on/off*. Así que cualquier detalle puede conseguir que deje-

mos de estar concentradas. La torpeza a la hora de tocar, una palabra inapropiada, no ser lo suficientemente delicado o tener mal aliento, puede cortar el deseo sexual. Nuestra amígdala responde de forma muy inmediata a estas interrupciones. Y por favor, antes de hacer el amor, quítate los calcetines.

3. *Los preliminares son durante todo el día.* Un estudio reveló que las mujeres necesitaban hasta veinticuatro horas de tiempo para desconectar de alguna discusión sufrida en pareja y volver a desear tener sexo. Por el contrario, ellos solo necesitaban tres minutos para reconciliarse con su deseo sexual después de una discusión en pareja. Algunas parejas dicen que tener sexo es una forma increíble de poner punto final a un desacuerdo. Pero es más probable que nos apetezca más si durante el día nos sentimos queridos, atendidos, si creamos un ambiente de disfrute entre los dos, de humor y de complicidad. Recuerda mandar algún mensaje subido de tono. Acaricia y besa a tu pareja cuando te encuentres con ella en casa, y no me refiero a ese beso de compromiso cuando llegas. Me refiero a un beso y un abrazo de los que cortan el hipo. Lo demás es para salir del paso. Ten pequeñas muestras de amor que vayan incrementando el deseo. Esas muestras que te van dejando con las ganas a lo largo del día.

4. *Limpio como los chorros del oro.* Ya lo hemos hablado a lo largo del libro. El sexo es íntimo. Es contacto físico extremo. Nadie desea tener sexo cuando hay

falta de higiene. En general, a las mujeres nos genera mucho rechazo este tema. Tenlo en cuenta, por favor.
5. *No es la cantidad, es la calidad.* Una creencia errónea de la toxicidad masculina es que la durabilidad de una erección durante la relación sexual está relacionada con mayor placer. Es cierto que, si existen problemas de eyaculación precoz, a la mujer no le va a dar tiempo a alcanzar el orgasmo. Pero tratar de ver quién aguanta más es una competición absurda. Cada pareja tiene su ritmo. Un ritmo que complazca a los dos, pero no hay una medida universal que deba superarse. No se trata de ganar, solo de pasárselo bien.
6. *Mujer, no finjas, nunca.* No necesitas llegar al orgasmo a la vez que tu pareja. Si finges, ¿cómo va a saber tu pareja qué es lo que te complace? El placer sexual es para sentirlo entre dos. Si finges, hay una parte insatisfecha, por no hablar de que estás engañando a tu pareja. Fingir es engañar a tu pareja y a ti misma. Tranquila, si lo haces para evitar decepcionar a la otra parte, seguro que le decepcionará mucho más saber que le estás mintiendo que tratar de buscar la manera de poder disfrutar juntos. Y tú, pareja, interésate por saber si ha sentido placer. Pregunta, pero que no sea un interrogatorio. Si te interesas por cómo está ella, tendrás más probabilidades de saber si ha llegado al orgasmo y ha disfrutado de la relación que si dejas de interesarte. Y recuerda, el orgasmo de la mujer depende más del clítoris que de la penetración.

7. *Cuida el ambiente.* Hay ambientes que invitan. Un restaurante con luz indirecta invita a hablar de forma relajada, los colores cálidos nos invitan a sentirnos acogidos, y todo lo que rodea los preliminares de una relación sexual, también. La música puede incrementar el deseo (¿te imaginas la voz de Sade de fondo? Yo, solo con eso ya me derrito). Unas velas, una cama limpia, la temperatura adecuada.
8. *Sexualmente hablando, a tu mujer le gustan...* los juegos preliminares, las caricias, los abrazos (cuando abrazas más de veinte segundos a una persona, liberas oxitocina, lo que dispara la confianza entre las dos personas y afianza el vínculo de la pareja), los buenos besos, (hay que aprender a besar, pero este tema daría para otro capítulo), innovar en las posturas sexuales que llevan a la penetración, el cunnilingus. En cambio, no nos atrae para nada repasar todo el Kamasutra, el sadomasoquismo de *50 sombras de Grey* o imitar el porno. Algunas mujeres se excitan mucho cuando les das una palmadita en el culete, no porque les guste que las azoten, sino porque las nalgas tienen muchísimas terminaciones nerviosas y en el juego del sexo pueden llegar a ser un punto muy erógeno. Acariciarlas con fuerza, jugar a darles un cachete, incrementa el deseo sexual en muchas mujeres. Pero ojo, esto tienes que hablarlo y pactarlo con tu pareja. Porque a otras puede no gustarles, o sentirse ofendidas. La comunicación es el paso principal para poder compartir practicas sexuales y un mismo código.

9. *Una mirada puede ser más excitante que cualquier otro aspecto de la relación sexual.* Hay miradas que desean, miradas que involucran, miradas que dicen todo sin mediar palabra. Cuando mantienes ese contacto visual intenso estás transmitiendo cuánto quieres y deseas a la persona que tienes entre tus brazos.
10. *Mantén el control.* Dejamos de jugar a la conquista por dejadez, por no perder tiempo. Pacta este tipo de juegos con tu pareja. A muchas mujeres les gusta sentirse seducidas, poseídas, que tengas control sobre ellas. Forma parte de sus fantasías sexuales. Se imaginan con los ojos vendados, suavemente atadas, dejándose llevar por palabras sugerentes, les gusta ese juego de la seducción en el que ellos mantienen la iniciativa y poco a poco van seduciendo a su pareja. El sexo, desde el respeto y el consentimiento, permite jugar al erotismo y a la seducción. Y salid de la cama. Se puede jugar en cualquier rincón de la casa.

10
Tratar de cambiar al otro

Que hayamos dejado este tema para el final, no significa en absoluto que sea menos importante o menos grave. De hecho, creo que tratar de cambiar al otro, tanto si somos conscientes de ello como si no, es la forma más habitual y extendida con la que nos acabamos cargando la mayoría de las relaciones.

Es una forma encubierta, a veces sutil, que no siempre se percibe desde fuera, pero que está, y sus consecuencias a menudo son irreversibles.

Cuando hablamos de tratar de cambiar al otro, estamos hablando de invertir grandes dosis de energía en conseguir que la otra persona sea como uno quiere que sea, como a uno le gustaría que fuera, sin plantearnos en ningún momento las consecuencias que esto puede tener en el otro. El otro que, por lo general, no desea realizar ningún cambio, el otro que está bien y se siente bien siendo como es.

Pero claro, cuando uno quiere lograr un cambio en su pareja, está totalmente convencido de que lo está haciendo *por su bien*, para que mejore, para que crezca... en definitiva, no es algo que se haga con ningún tipo de maldad sino todo lo contrario, pero cuando uno actúa así, tratando de manipular al otro, no está pensando en ese otro sino en sí mismo. En lo que él/ella quiere, y poco importa lo que el otro desee o sienta que necesita de verdad.

Es cierto que es muy difícil que alguien acepte que está tratando de cambiar a la otra persona. La manipulación no está bien vista, y siempre alegará que no trata de cambiarle que solo trata de ayudar, de aportar, de hacer que las cosas le vayan mejor, etcétera. Pero en la mayoría de casos, esa ayuda ni siquiera ha sido solicitada.

Por ello, uno solo puede verlo si hace un ejercicio de autoanálisis y de autorreflexión mediante el cual trate de verse desde fuera con un poco de perspectiva. Uno debe ser muy honesto consigo mismo y no autoengañarse ni intentar convencer a nadie. Simplemente se trata de ver lo que hay. De vernos como somos y como actuamos.

A medida que las relaciones van avanzando, nuestro vínculo se va transformando, va cambiando y madurando en el ámbito de la pareja, igual que cambiamos nosotros en el plano individual.

Cuando ya ha desaparecido la magia del enamoramiento y nos encontramos con la verdadera esencia de lo que es el otro, de alguna forma los hombres siguen esperando que las mujeres piensen y actúen como si fueran hombres (como lo harían ellos), y las mujeres siguen esperando que los hombres sientan y actúen como si fueran mujeres. Y, claro, a estas alturas del libro imagino que ya tenéis claro que eso no va a ocurrir, porque no es posible. Porque somos diferentes y nuestra biología es la que es. Por ello, asumir estas diferencias y tratar de aceptar al otro como es, ha de ser algo innegociable si queremos que nuestra relación funcione.

Aceptación total

Si quiero construir una relación sana, por mi parte debe haber una aceptación total de lo que es el otro, de su esencia, de su personalidad. Debo sentir que, honestamente, no necesito que cambie nada para que yo me sienta bien a su lado. Y, cuidado, eso no significa que no podamos estar en desacuerdo, que no podamos discutir o que no debamos adaptarnos el uno al otro muchas veces (sobre todo al principio). ¡Claro que sucederá y debe suceder! Pero es muy diferente saber que en ocasiones uno debe ceder un poco en algunos aspectos, a que debamos convertirnos en alguien que no somos. Si hacemos esto, jamás seremos felices y, en consecuencia, la relación tarde o temprano se acabará resintiendo.

Aceptar al otro es mostrarle a nuestra pareja que la respetamos, que respetamos su esencia, su personalidad, su forma de ser, de sentir, de pensar, de actuar. Podemos no estar de acuerdo en algunos aspectos, pero nos relacionamos siempre desde el respeto absoluto hacia esas diferencias. Sin hacerle sentir mal menospreciando su punto de vista o impartiendo charlas interminables para convencerle de que debe verlo como nosotros. Aprender a respetar nuestras diferencias es, sin duda, una señal de amor por excelencia.

Y es que, si lo pensamos, se supone que cuando uno elige empezar una relación con alguien y, con el tiempo, seguir a su lado e ir comprometiéndose cada vez más, es porque le gusta esa persona, porque le gusta como es, porque se siente bien a su lado, porque la prefiere por encima de todas las demás. ¿No? Parece evidente, y así debería ser, pero en muchas ocasiones la realidad nos demuestra que no lo hacemos así, y que esa aceptación y respeto brillan por su ausencia.

Si uno trata de imaginarse lo que es estar en una relación con alguien que le hace sentir mal por ser como es, por vestir como viste, por pensar como piensa, es fácil darse cuenta de que esa situación acabará dejando una huella muy profunda en la autoestima de quien la sufre. Incluso puede acabar rechazándose a sí mismo, aunque en realidad no había nada que fuera tan grave.

Y cuando esa aceptación o ese respeto brillan por su ausencia, ¿sabéis qué sucede? Que aparece un virus mortal. Un virus que intoxica el amor y lo deja herido de muerte: la DECEPCIÓN. La decepción mata el amor. Cuando la otra persona actúa, o habla, o reacciona de un modo que os hace daño, que no esperabais, que jamás habríais imaginado... ahí aparece la decepción. Es como si bajara el telón de repente, como si a esa persona se le cayese la máscara que llevaba puesta para relacionarse con vosotros, y ya pudierais verla tal como es de verdad, por primera vez. Como si pudierais ver su auténtico rostro, un aspecto de sí mismo que para vosotros ahora ya es determinante. No lo podéis ignorar, no podéis hacer como si no lo hubierais visto. Ahí está, y eso mata el amor.

Cuando esto ocurre, lo miráis con otros ojos, y eso hace que cambien también vuestros sentimientos hacia esa persona. Ya no sentís lo mismo. La decepción mata el amor.

¿Qué es lo que debería haber siempre en una relación? ADMIRACIÓN. La admiración es, sin duda, el elemento clave, pero solo aparece si hay aceptación y respeto. Admirar al otro es verle con ojos llenos de orgullo, de satisfacción, es sentirnos dichosos de estar a su lado, de poder compartir nuestra vida con él/ella, es poder ir a cualquier parte de su mano sin sentir vergüenza ni inseguridad en ningún momento.

Siempre que uno está en una relación sana admira a su pareja y tiene muy claro qué es lo que admira o por qué siente esa admiración. En cambio, cuando las cosas se han torcido o cuando no estamos a gusto en la relación, si nos preguntan «¿admiras a tu pareja?» o «¿qué es lo que admiras de tu pareja», lo que acostumbra a suceder es que se hace un larguísimo e incómodo silencio. No hay respuesta. No sabemos qué contestar. Ya no hay admiración.

Y si no hay admiración, tampoco puede haber amor de pareja, nos guste o no.

Pero aquí estábamos hablando de la necesidad de emprender un proceso de autoanálisis y de autorreflexión. Siempre estamos señalando con el dedo a las otras personas, culpándolas de nuestros males y de nuestras desgracias y, por lo general, nos cuesta asumir nuestra parte de responsabilidad en aquello que nos ocurre. Cuando hay problemas en una relación, con frecuencia os dirán que la culpa es de la otra persona: lo que hace, lo que dice, lo que piensa, etcétera. «Si él cambiara eso...», «si ella no fuera tan así...», «si comprendiera aquello otro... mira que es fácil, eh... pero no lo ve». Hay un sinfín de expresiones que lo único que demuestran es que nos pasamos la vida señalando al otro, y al hacer eso no nos damos cuenta de que tal vez deberíamos empezar por nosotros mismos.

¿Qué puedo hacer yo para que mejore la relación? ¿Qué ocurriría si a partir de hoy pusiera el foco en mí, en vez de ponerlo en mi pareja? ¿Qué podría modificar yo?

Al hacernos estas preguntas, llegamos a la conclusión de que hay una serie de conductas en los hombres y otra serie de conductas en las mujeres que son las que, con mayor frecuencia, hacen sentir mal a nuestra pareja y que deberíamos tratar de detectar para cambiarlas.

Hay muchísimas, pero hemos seleccionado algunas de ellas por ser las más frecuentes en cada género. Vamos a verlas.

CONDUCTAS ERRÓNEAS DE LAS MUJERES HACIA LOS HOMBRES

Decirle cómo debería actuar, vestir, hablar

Son muchos los hombres que se han encontrado en alguna ocasión con una mujer al lado que les da lecciones sobre cómo deberían actuar en cada situación (laboral o personal), sobre cómo deberían hablar o qué deberían decir en determinados entornos o a determinadas personas, o cómo deben vestir y qué deben ponerse.

Sobre todo en los casos en que ellas tienen un perfil especialmente dominante, llegan a decidir por ellos, hasta el punto de anularlos por completo. Después es frecuente que se quejen de que no tienen iniciativa, de que no actúan como deberían, pero la realidad es que esos hombres, llega un momento en que no saben cómo actuar para contentarlas, para que ellas estén orgullosas de ellos. Tienen la certeza de que hagan lo que hagan, lo harán mal. Y la experiencia casi siempre les demuestra que así es como acaba siendo.

No hace falta decir que tener alguien así al lado es totalmente cansino y extenuante para ellos, y en la mayoría de casos les hace sentir que sin ellas no son capaces de seguir adelante, que sin ellas no son nada. Cuando esto ocurre, han perdido su autoestima y se han olvidado de su valía y su potencial.

Si se liberan de alguien así, suele ser porque conocen a otra mujer que sí les admira, les reconoce y les valora, y al recibir un *feedback* tan positivo al que no están nada acostumbrados, sienten una atracción muy profunda hacia esa persona.

Los hombres que viven situaciones de este tipo, está claro que no se sienten admirados por sus mujeres. A menudo ellas dirán que sí, que les admiran mucho, pero no se dan cuenta de que no les dejan espacio para ser quienes quieren ser, y que su vida es una lucha constante para que ellos actúen y sean como ellas desearían.

Muchas quejas – poco reconocimiento

Seguramente por el tema de las responsabilidades en el hogar, con la comida y con los niños, que es más frecuente que sean asumidas por la mujer, si el hombre no ve por sí mismo ciertas cosas en las que también debería colaborar o que debería mejorar, la mujer se siente con el derecho de exigirle ciertos cambios.

Y, desde luego, ciertos cambios en determinadas conductas que nos faciliten la organización y la armonía en un hogar donde tal vez somos muchos, sin duda pueden ser positivos.

Por suerte, muchos hombres comprenden esto a la perfección y ponen de su parte, se esfuerzan de verdad por contentar a sus parejas y que así se sientan orgullosas de ellos. Tratan de buscar esa admiración tan importante de la que hablábamos unas páginas atrás.

Pero el problema es que lo que se encuentran, lejos de ser una palabra o un gesto de gratitud, es justo lo opuesto. Más quejas. Siguen quejándose de aquello que aún no hacen bien o que deberían modificar. Es como si no hubiera que agradecer sus esfuerzos porque piensan que eso es lo mínimo que deben hacer, ya que ellas hacen mucho más. Pero tengan razón o no, es importante que se den cuenta de que si les han pedido algo y ellos ponen de su parte y lo hacen, la gratitud nunca está de más.

Y no solo eso: si una es capaz de agradecerle a su pareja el gesto que ha tenido, el cambio que ha hecho o el esfuerzo que ha mostrado por contentarla, eso va a reforzar aún más sus ganas de seguir haciéndolo, de seguir haciéndola feliz, porque eso es lo que buscamos en el amor.

En cambio, si uno se esfuerza y se acaba encontrando con las mismas malas caras y otras exigencias nuevas, se sentirá insatisfecho y perderá las ganas de intentarlo o de seguir esforzándose.

Y, por favor, espero que no caigamos en el error de leer esto y pensar (las mujeres) que no nos falta razón para quejarnos así, etcétera. Es muy probable que de lo que nos estemos quejando sea de la forma de ser de la otra persona, y es por esto por lo que no cambia. Ni cambiará. Más bien deberíamos preguntarnos qué admirábamos de él cuando le elegimos, porque seguro que ya le elegimos así, con esa cara A y esa cara B, y si somos capaces de volver a conectar con esa parte positiva y aceptarlo como es, relacionándonos con él desde la gratitud, el respeto y la aceptación. ¡Así es como se consiguen los mejores cambios!

Tratarle como si fuera su hijo

Esto también es algo que ocurre con frecuencia en las relaciones. La mujer adopta un rol que, por su actitud y su comportamiento se asemeja más al de una madre que al de una pareja.

Al tratarle como si fuera un hijo, él se acomoda a ese rol y se acaba comportando como tal, dejando que le cuiden y que se lo hagan todo. Después, es frecuente que la mujer se queje porque se comporta como si fuera un niño, pero no se da cuenta de que ella es quien ha creado esa forma de relacionarse entre los dos.

Cuando ocurre esto, también es muy frecuente que haya problemas con las relaciones sexuales, ya que el deseo entre ambos tiende a disminuir notablemente o incluso a desaparecer.

Quienes lo viven no entienden por qué, no ven esa forma de actuar desde fuera y la sienten como normal. Si no hay discusiones entre nosotros, nos parece que todo va bien, pero, a veces, una discusión no es la única señal de que debemos revisar nuestro modelo de relación. Cualquier carencia que haya entre nosotros y que afecte a alguno de los tres pilares básicos, acaba creando problemas graves.

Los tres pilares son: la parte sexual, la parte afectiva y de amistad y la parte del cuidado y la compasión. Deberíamos sentir que son sólidos, y eso significa que hay deseo y una vida sexual placentera y satisfactoria entre nosotros; que la otra persona es nuestro mejor amigo/a, que confiamos totalmente en el otro y recibimos por su parte el cariño que esperamos; y que tenemos la certeza de que esa persona estará ahí si la necesitamos, que jamás hará nada con lo que sepa que puede dañarnos y que, si así fuera, dejaría de hacerlo de inmediato.

Pues bien, cuando alguno de esos tres pilares no es sólido, tenemos problemas graves que pueden llevarnos a una ruptura. La cuestión es si podemos hacer algo para reforzarlos y que todo fluya de forma correcta, o si ya es tarde.

Cuando una mujer trata a su pareja como si fuera un niño, puede ser que a él ya le vaya bien o que se haya acomodado o acostumbrado a ello, pero, como decía antes, también es muy probable que deje de verla sexualmente deseable, que ya no le excite y que sienta más deseo o atracción por otras mujeres. Eso no significa que no ame a su pareja, pero ya no la ama como pareja sino como amiga.

Para evitar que nos ocurra esto, es importante revisar cómo son nuestros roles en la relación de pareja, y si tal vez deberíamos adquirir herramientas para llevar a cabo ciertos cambios antes de que ya sea tarde.

Corregir sus decisiones

Dentro de esta dinámica de cambiar al otro por parte de muchas mujeres (una dinámica inconsciente en la mayoría de casos), también está lo que hemos llamado CORREGIR.

Me refiero a la tendencia a encontrar siempre algo erróneo en todo lo que el hombre decide. Cada vez que toma la iniciativa o que decide algo, ella siempre ve algún detalle o aspecto que podría mejorarse. Es como si nunca nada estuviera suficientemente bien.

He visto casos en los que él, después de detectar que ella espera que sea más proactivo con las escapadas y los días libres, decide organizar una salida. Reserva un hotel, un restaurante, una obra de teatro, lo que sea. Y cuando llega el momento ella no hace más que remarcar todo lo que no le va bien.

«Esto tendrías que haberlo hecho al revés, Juan, era mejor ir primero al teatro y al salir, ir a cenar, porque de esta forma hemos tenido que comernos la hamburguesa con un embudo.»

«Ya me gusta, eh, pero es que en este momento no nos viene muy bien hacer esto.»

«Pero si en este restaurante ya estuvimos hace años y dijimos que no íbamos a volver nunca más. ¿No te acordabas? He comido fatal...»

«No hacía falta que pidieras ese vino tan caro, ya sé que a mí me gusta, pero no era necesario...»

Me gustaría que hiciéramos el ejercicio de preguntarnos qué aportan exactamente estos comentarios. ¿Acaso aportan algo? Positivo, está claro que no. Entonces ¿para qué los hacemos? ¿Con qué finalidad? NINGUNA. Y si hay alguna, solo puede ser la de amargar la existencia al otro y hacerle perder las pocas ganas que le quedan de organizar nada más.

Si ya lo ha organizado así, de ese modo, es porque ha creído que era lo mejor; entonces ¿para qué decirle que hubiera sido mejor al revés?

Puede ser que ahora no nos venga bien, pero si ya lo ha hecho y lo ha hecho por ti, para hacerte feliz, ¿no puedes limitarte a decir GRACIAS?

Si ya estuvisteis en aquel restaurante y no os gustó, y él ha vuelto a llevarte ahí, es evidente que no se ha acordado, pero deberías ser capaz de ver que lo ha hecho con buena intención porque se confundió o se olvidó del pasado y creía que te gustaría.

Ya sabe que no hace falta pedir este vino, pero, aun así, ha priorizado hacerte feliz, darte placer, que disfrutes. Si ya lo ha comprado y os lo habéis bebido, ¿para qué decirle que no hacía falta? Es un desprecio, y cuando alguien hace algo por ti jamás deberías despreciarlo, aunque no te guste (a menos que sea algo realmente ofensivo, claro está). Simplemente deberías decir «gracias».

Conductas erróneas de los hombres hacia las mujeres

No escuchar – no prestar atención

¡Cuántas mujeres se habrán encontrado en la situación de estar explicándole algo muy importante a su pareja y sentir que no les están prestando atención o que no les están haciendo ningún caso! Se trata de algo muy frecuente y que acaba siendo una fuente de problemas y malestares considerable.

De entrada, hay que decir que las mujeres tenemos una necesidad de hablar y explicar cosas con todo lujo de detalles mucho más elevada que los hombres. Se calcula que nosotras pronunciamos una media de 27.000 palabras al día, y la media de los hombres es de 10.000, por lo que queda claro que empleamos mucho más tiempo en hablar que ellos.

Cuando le preguntas a un hombre: «¿Cómo te ha ido el día?», por lo general su respuesta suele ser: «Bien»; en cambio, a una mujer se le ocurrirían un sinfín de matices y detalles que aportar a la hora de responder la misma pregunta. Un día es muy largo y suceden muchas cosas, para nosotras es prácticamente impensable dejarlo en un simple «bien».

Y es probable que, debido a esa especie de verborrea que a veces tenemos nosotras, los hombres desconecten. Se quedan con la información que necesitan y a partir de ahí siguen con lo suyo. Y eso les lleva también a no prestar atención a cosas que tal vez para nosotras sí que son importantes. Cuando les explicamos algo que nos ha pasado y que fue relevante, algo que vamos a hacer durante el día y que nos inquieta o preocupa especialmente, tal vez buscamos su apoyo, y él ni siquiera lo percibe.

Muchas veces les hacemos referencia a cosas que les habíamos explicado con anterioridad, y ahí es donde vemos que no nos escucharon, lo cual puede llegar a irritarnos mucho.

También lo notamos cuando les pedimos algo y luego, cuando llega el momento, vemos que ni siquiera se acordaron porque no nos prestaron atención.

Debemos entender que el hombre tiende a poner el foco en su objetivo y a ir a por él. Nosotras, cuando estábamos en las cavernas, nos quedábamos cuidando de los hijos y socializábamos mucho más con las otras mujeres, por lo que nuestra tendencia a hablar y a conectar con esa parte emocional es mucho más marcada.

Aun así, si un hombre se esfuerza por demostrarle a una mujer que está atento a lo que ella le dice, que verdaderamente le importa lo que está compartiendo con él, tendrá mucho más éxito en sus relaciones.

Querer tener la razón

También es bastante frecuente que las mujeres caigan en un bucle interminable cuando discuten con determinados hombres. Y entonces se crean esas espirales sin fin que cada vez nos van dejando con menos fuerzas.

Es como si ellos entrasen en una dinámica que los empujase, tal vez por una cuestión de ego (encubierto o no), a querer tener siempre la razón. No es que quieran tenerla porque sí, es más bien que tienen claro que están en lo cierto, y sienten la necesidad de demostrarnos que estamos equivocadas. No pongo en duda que lo hacen con la mejor intención, pero, claro, verse involucrado en uno de esos bucles es algo muy extenuante.

Quieren demostrarnos que ellos tienen razón y que nosotras estamos equivocadas; insisto, probablemente lo hacen por nuestro bien, y por eso pueden llegar a repetir una y otra vez lo mismo hasta la saciedad. Incluso llegan a decirnos que somos nosotras las que no entendemos nada, simplemente porque no les estamos dando la razón (porque tenemos claro que no la tienen).

Una puede llegar a sentir que el hombre no acepta que ella piense diferente y que no contempla la posibilidad de que él esté, tal vez, equivocado.

En vez de adoptar esta actitud, que siempre acaba siendo muy destructiva, es mejor que él aprenda a respetar que tal vez su pareja no está de acuerdo, y que incluso en el caso de que tenga clarísimo que ella está equivocada, tampoco pasa nada por dejarlo así. Que no es necesario adoptar el rol de maestro con esa insistencia que deja exhausto a cualquiera.

Son esos casos en los que las mujeres hacen comentarios del tipo:

> «Es que cuando empieza así, si no le das la razón, no hay fin.»
>
> «Si no piensas como él, es como si entablara una lucha cuyo único objetivo es convencerte, hacerte ver que él está en lo cierto.»
>
> «Siempre que entramos en esos bucles, acabamos fatal.»

Y claro, si eres mujer, que no se te ocurra acabar dándole la razón por agotamiento, como una simple forma de poner fin a ese tema de una vez. Si intuye que haces esto, el enfado y el nivel de la discusión pueden ser aún mayores.

La única manera de arreglar este tipo de conflictos es hablando de ello. Y para poder hacerlo es necesario que ambos sean conscientes de que él actúa de ese modo, de que está teniendo ese tipo de conducta. Si empezamos con el típico «yo no hago esto, no lo he hecho nunca», vamos mal. Así no cambia nada.

Deberíamos tratar de abrir un poco más nuestra mente y comprender que si nuestra pareja (hombre o mujer) nos expresa algo que hacemos y le molesta, es porque lo hacemos. Y punto. Si no lo hiciéramos, no nos lo diría ni estaríamos hablando de ello. Me refiero, por supuesto, a casos en los que tenemos claro que vivimos una relación sana y que estamos con alguien que no tiene ninguna alteración mental ni ningún problema de celos enfermizos. Me refiero a temas conductuales, del día a día. Si nuestra pareja nos dice «cuando haces esto, me siento así», la respuesta «yo nunca hago esto» o «eso no es cierto», no debería estar permitida, no debería ser nunca una opción para nosotros.

Si nos lo dice es porque lo ve. Si no lo viera, está claro que no nos lo diría. Debemos prestar atención a su queja y tratar de poner de nuestra parte para aliviar su malestar y que todo fluya más fácilmente. Eso es lo que hacen las parejas que tienen éxito y funcionan bien.

Encontrar soluciones

Otra de las muchas diferencias entre hombres y mujeres es la que lleva a los primeros a cometer otro de los errores más frecuentes. Solucionar nuestros «supuestos» problemas.

Y no me refiero a que sean muy manitas y reparen cosas. Eso a nosotras nos encanta.

Me refiero más bien a cuando nosotras les estamos explicando algo que nos ha pasado, algún conflicto en el trabajo, con algún compañero, con alguna amiga, con algún familiar y ellos, en vez de escucharnos y brindarnos su apoyo, tratan de ayudarnos diciéndonos lo que deberíamos hacer o cómo deberíamos gestionar dicha situación.

Son esos casos en los que solo necesitamos desahogarnos, sacarlo fuera, expresarlo y que se nos escuche, que se nos preste atención, pero en vez de hacerlo, ellos nos dan la solución cuando no la hemos pedido y ni siquiera la necesitamos. No es eso lo que queremos, porque la solución ya la tenemos. Solo buscamos apoyo a través de su interés y de su escucha activa.

Muchas mujeres me han descrito a la perfección determinadas situaciones en las que llegan a casa mal por algo que les ha sucedido, afectadas emocionalmente por alguna conducta que no esperaban de alguien importante para ellas, y cuando encuentran a su pareja, lo que hacen es desahogarse. ¿Cómo? Explicando lo sucedido tal y como lo solemos hacer nosotras: con todos los detalles. Y claro, ahí a ellos se les activa su parte resolutiva y tratan de poner remedio al conflicto y de poner fin a nuestro malestar.

Pero no. No es eso lo que más necesitamos. Es mejor que nos pregunten algo así como «¿puedo hacer algo para que te sientas mejor?». Funcionará muchísimo más que si nos solucionan algo que no precisa de arreglo o que ya resolveremos nosotras cuando lo consideremos oportuno y de la manera que nos plazca.

Conducta soltero

Bueno, bueno, bueno. Esta es la conducta estrella cuando hablamos de los hombres. Las más votadas cuando representamos la obra, son esta y la de no escuchar y no prestar atención, pero debo decir que la que ahora nos ocupa es una conducta con la que me he topado muchas veces en la consulta y que causa unos problemas irreversibles.

Nos referimos a hombres que se comportan como si estuvieran solteros y como si no tuvieran responsabilidades. Como si los hijos y la casa y todo lo que hay que hacer para mantener un cierto orden fuera responsabilidad de las mujeres. Y, vamos a ver, no es que estemos hablando de unos perfiles machistas descarados y pasados de moda, no, no. Se trata de hombres que aparentemente son modernos y se adaptan a los cambios que ha habido en nuestra sociedad, pero que una vez dentro de la relación, van haciéndole un hueco cada vez mayor a sus *hobbies* y actividades destinados a desestresarse del trabajo.

Recuerdo siempre el caso de una paciente que me explicaba algo que le había sucedido, y que era muy frecuente en su día a día. Ella no tenía muy buena relación con su suegra, aunque de vez en cuando su marido le pedía que fueran a comer con ella (y con las dos hijas pequeñas de ambos) y así se veían. Ella siempre aceptaba porque, a pesar de no llevarse muy bien, lo comprendía y lo hacía por él y por las niñas. Al parecer, la mujer no se había portado muy bien con ella.

En fin, la cuestión es que él se aficionó al *kitesurf*. Es un deporte que se practica en el mar y para el que se requiere un viento en concreto.

Debo decir que entre los hombres suele suceder que cuando se aficionan a alguna actividad o deporte, pueden llevarlo a un nivel de obsesión casi extremo. Y está claro que, si uno tiene responsabilidades e hijos, no puede olvidar el tiempo que debe dedicarles, aunque la experiencia nos demuestra que cuando uno es presa de la emoción que le produce dicha actividad, a menudo se olvida de lo verdaderamente importante.

Pues bien, mi paciente me explicaba que un domingo fueron a comer con la madre de su marido y con las niñas. Fueron a un restaurante a las afueras del pueblo. Justo después de haber pedido la comida, el camarero les abrió una botella de vino, y al servirlo, el móvil del marido empezó a emitir un sonido extraño y repetitivo. Lo miró, y ellas vieron claramente cómo empezaba a ponerse nervioso.

Resumiendo, se trataba de una aplicación que tenía instalada en su móvil y que le indicaba las condiciones del viento en cada playa, y en ese preciso instante el viento había cambiado y había alcanzado el nivel más favorable.

Él, considerando que tenía mucha confianza con ellas, ni corto ni perezoso les comunicó que lo sentía mucho pero que esas condiciones no se daban muy a menudo y que tenía que aprovecharlas. Que se iba... Y se fue, sin más. Sin pensar en nadie, sin tener en cuenta a nadie. Cual adolescente que se va de casa de sus padres porque ha quedado con los colegas.

Y claro, si eso sucede un día, pasa. Pero cuando ya es

una constante, la persona que está a su lado se va quemando poco a poco, hasta que un día ya no puede más.

Es algo que hoy en día pasa mucho con deportes como el *running* o la bici. Uno empieza a obsesionarse con participar en carreras yendo de aquí para allá, y cuando esa afición no se comparte o hay hijos u otras responsabilidades de por medio, no podemos olvidarlas.

Debemos ser capaces de ver siempre qué es lo más importante. Y si nos importa más nuestro *hobby* que nuestros hijos, si priorizamos las actividades de nuestro tiempo libre antes que las actividades de nuestros hijos (que dependen de nosotros, pues aún son menores), algún otro adulto va a tener que hacerse cargo. Y ese peso debe estar siempre bien repartido y equilibrado si no queremos que la balanza se descompense y acabe por romperse.

Epílogo
La función no se ha acabado...

¿Cuántos de vosotros pensabais que el amor os iba a durar toda la vida? ¿Cuántos de vosotros hubierais apostado por que la pasión os duraría mucho tiempo, que era imposible perder ese deseo de hacer el amor y de disfrutarlo tanto? ¿Cuántos no teníais la imagen de una persona entregada, dulce, amable, interesada por vosotros, empática, que buscaba tiempo para disfrutarlo juntos, y en un momento de vuestra relación os disteis cuenta de que la cosa ya no era como al principio?

Tenemos ideas irracionales sobre el amor y sobre cómo se inician y se mantienen las relaciones de pareja. Desde los cuentos infantiles a las películas de Hollywood, nos han vendido un amor romántico, de conquista, de damas y caballeros. Un amor en el que ellos te cortejan, te adulan, y nosotras respondemos de forma apasionada. De este cuento, nos han vendido hasta la conclusión: «... y fueron felices, y comieron perdices». Y de ahí en adelante no nos dijeron nada más. No nos hablaron de compartir el baño ni de convivir con la suegra. No nos dijeron que se engorda a lo largo de la relación, ni nos explicaron cómo nos afectan las hormonas y nos cambia el humor. Ni tampoco cómo impacta en la pareja el hecho de tener hijos. No nos hablaron de la importancia de compartir, de la corresponsabilidad, de conciliar. Todo eso lo hemos ido descubriendo solos y en muchísimas situaciones estos descubrimientos, estos aprendizajes por ensayo y error, han sido eso: un error. Porque nos han llevado al fracaso de la relación.

Igual que hacemos en los teatros de toda España, a lo largo de las páginas de este libro hemos mezclado el rigor y la seriedad con las risas porque —más allá de que nos hayamos decidido a subir a los escenarios para compartir un mensaje que nos parece muy necesario— somos dos psicólogas con muchos años de terapia que hemos comprobado que las parejas carecen hasta de lo más básico para cuidar sus relaciones.

Y hemos aprendido algo muy importante: a todos nos gusta el amor. Nos gusta cuidar el amor, regarlo, pero no siempre sabemos cómo. Así que aquí estamos, con el cómo. Estamos para desenmascarar creencias erróneas, cursilonas, pasadas de moda, incluso machistas. Falacias que nos separan. Porque hombres y mujeres queremos lo mismo, ser felices juntos.

Por eso siempre finalizamos las funciones de *Diez maneras de cargarte tu relación de pareja* cantando y bailando, gritando al unísono que creemos en el amor, que enamorarse es maravilloso, que queremos permanecer juntos tanto tiempo como nos sea posible, teniendo claro dónde están nuestros límites y sabiendo adónde hay que ir para hacer bien el amor, así que nos gustaría que este fuera también el último mensaje de este libro.

Tras finalizar cada función, no hay nada que nos guste más que recibir vuestros mensajes, vuestras fotos y vuestros vídeos de antes, durante y después de la obra. Muchos nos hacéis llegar listas, ejercicios y multitud de pruebas que demuestran que estáis poniendo en práctica los principios que hemos compartido con vosotros con toda nuestra ilusión durante el espectáculo, y nos encantaría seguir recibiéndolos después de leer este libro.

Deseamos que esta lectura os haya sido muy útil y que podáis consultar el libro siempre que lo necesitéis y, por supuesto, nos encantará veros en alguna de nuestras funciones para daros nuestro abrazo más fuerte y sincero, y, lo más importante, para seguir promoviendo el amor de verdad.

Agradecimientos

Si hay algo que mantiene vivo el amor, en cualquier tipo de relación, es el agradecimiento. Es de bien nacidos ser agradecidos. Por eso nos gusta acabar este libro dando las gracias a todos los que nos han ayudado desde el principio a convertir nuestro sueño (este «binólogo», como hemos calificado a *Diez maneras de cargarte tu relación de pareja*) en realidad.

Nos gustaría dar las gracias a las personas maravillosas que hay detrás de nosotras, que no se ven pero que suman:

Maite Antón, querida directora de comunicación, siempre sonriente, confiando en el proyecto desde esa primera cena en la que empezó a fraguarse todo. Siempre atenta, resolutiva, rápida, amable, simpática... Si es que eres la mujer perfecta.

Rafa Blanca, nuestro director de teatro, que con tu paciencia y humor has sacado chicha de dos psicólogas con aspiraciones a actrices. Ha sido un placer encontrarte en este camino.

Alejandro Gallos, nuestro compañero de viajes, de fatiga. Siempre con esa paciencia y sonrisa. Siempre te viene todo bien. Eres la calma en cada función cuando nosotras estamos a punto de perder los nervios. Ah, y eres el mejor técnico de sonido, de luces y de todo.

Javier Vázquez, la voz en off. Amigo, siempre complaciente, siempre servicial. Gracias a que conocemos tus debilidades, como es no saber decir que no, nos hemos aprovechado de ti para que dieras voz a esta obra. ¡Qué fácil es siempre todo contigo!

A nuestros editores Joan y Carlos. Y a Penguin Random House Grupo Editorial por apostar por nosotras. No se puede tener más facilidades a la hora de escribir un libro en «preparados, listos, ya». Gracias por confiar y por ser como sois.

Y un especial agradecimiento, tan grande como el teatro más enorme, acogedor y vibrante del mundo, para todos nuestros seguidores y espectadores. Porque gracias a vosotros seguimos de gira. Gracias por vuestros comentarios, por vuestras risas, por la complicidad, las stories y las fotos en redes sociales.

Y a nuestra familia y amigos, que nos apoyan, desde la misma inconsciencia con la que nosotras empezamos esta andadura. Y que sea por muchos años más.

«Para viajar lejos no hay mejor nave que un libro».

Emily Dickinson

Gracias por tu lectura de este libro.

En **penguinlibros.club** encontrarás las mejores recomendaciones de lectura.

Únete a nuestra comunidad y viaja con nosotros.

penguinlibros.club

 penguinlibros